定位经典丛书
对美国营销影响最大的观念

新定位

The New Positioning

The Latest on the World's #1 Business Strategy

［美］ **杰克·特劳特**（Jack Trout） 著
史蒂夫·里夫金（Steve Rivkin）

邓德隆 火华强◎译

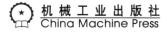
机械工业出版社
China Machine Press

图书在版编目（CIP）数据

新定位 /（美）杰克·特劳特（Jack Trout），（美）史蒂夫·里夫金（Steve Rivkin）著；邓德隆，火华强译 . —北京：机械工业出版社，2019.6（2019.11 重印）
（定位经典丛书）
书名原文：The New Positioning: The Latest on the World's #1 Business Strategy

ISBN 978-7-111-62794-4

I. 新··· II. ①杰··· ②史··· ③邓··· ④火··· III. 企业管理 – 市场营销学 IV. F274

中国版本图书馆 CIP 数据核字（2019）第 097798 号

本书版权登记号：图字 01-2017-3093

Jack Trout, Steve Rivkin. The New Positioning: The Latest on the World's #1 Business Strategy.
ISBN 978-0-07-065328-3

新定位

出版发行：机械工业出版社（北京市西城区百万庄大街 22 号　邮政编码：100037）
责任编辑：施琳琳　　　　　　　　　　　责任校对：李秋荣
印　　刷：中国电影出版社印刷厂　　　　版　　次：2019 年 11 月第 1 版第 2 次印刷
开　　本：170mm×242mm　1/16　　　　印　　张：14.25
书　　号：ISBN 978-7-111-62794-4　　　定　　价：59.00 元

凡购本书，如有缺页、倒页、脱页，由本社发行部调换
客服热线：（010）68995261　88361066　　　投稿热线：（010）88379007
购书热线：（010）68326294　　　　　　　　　读者信箱：hzjg@hzbook.com

版权所有 • 侵权必究
封底无防伪标均为盗版
本书法律顾问：北京大成律师事务所　韩光 / 邹晓东

献给
艾·里斯，我在定位领域的长期合作伙伴

目录

致中国读者

　　中国正处在一个至关重要的十字路口。制造廉价产品已使中国有了很大的发展，但上升的劳动力成本、环境问题以及对创新的需求都意味着重要的不是制造更廉价的产品，而是更好地进行产品营销。只有这样，中国才能赚更多的钱，才能在员工收入、环境保护和其他方面进行更大的投入。这意味着中国需要更好地掌握如何在顾客和潜在顾客的心智中建立品牌与认知，如何应对国内及国际上无处不在的竞争。

　　这也正是我的许多书能够发挥作用的地方。它们都是关于如何通过在众多竞争者中实现差异化来定位自己的品牌；它们都是关于如何保持简单、如何运用常识以及如何寻求显而易见又强有力的概念。总的来讲，无论你想要销售什么，它们都会告诉你如何成为一个更好的营销者。

　　我的中国合伙人邓德隆先生正将其中的很多理论在中国加以运用，他甚至为企业家开设了"定位"培训课程。但是，中国如果要建立自己的品牌，正如你们在日本、韩国和世界其他地方所看到的那些品牌，你们依然有很长的路要走。

但有一件事很明了：继续"制造更廉价的产品"只会死路一条，因为其他国家会想办法把价格压得更低。

杰克·特劳特

定位：第三次生产力革命

马克思的伟大贡献在于，他深刻地指出了，以生产工具为标志的生产力的发展，是社会存在的根本柱石，也是历史的第一推动力——大思想家李泽厚如是总结马克思的唯物史观。

第一次生产力革命：泰勒"科学管理"

从唯物史观看，赢得第二次世界大战（以下简称"二战"）胜利的关键历史人物并不是罗斯福、斯大林与丘吉尔，而是弗雷德里克·泰勒。泰勒的《科学管理原理》$^{\ominus}$掀起了人类工作史上的第一次生产力革命，大幅提升了体力工作者的生产力。在泰勒之前，人类的精密制造只能依赖

　　$\ominus$　该书中文版已由机械工业出版社出版。

于师傅带徒弟培养出来的能工巧匠，数量有限；泰勒通过将复杂的工艺解构为简单的零部件后再组装的方式，使得即便苏格拉底或者鲁班再世恐怕也未必能造出来的智能手机、电动汽车，现在连普通的农民工都可以大批量制造出来。二战期间，美国正是全面运用了泰勒"更聪明地工作"方法，使得美国体力工作者的生产力爆炸式提高，远超其他国家，美国一国产出的战争物资比其他所有参战国的总和还要多——这才是二战胜利的坚实基础。

欧洲和日本也正是从二战的经验与教训中，认识到泰勒工作方法的极端重要性。两者分别通过马歇尔计划和爱德华·戴明，引入了泰勒的作业方法，这才有了后来欧洲的复兴与日本的重新崛起。包括 20 世纪 80 年代崛起的亚洲四小龙，以及今日的中国经济奇迹，本质上都是将体力工作者的生产力大幅提升的结果。

泰勒的贡献不止于此，根据唯物史观，当社会存在的根本柱石——生产力发展后，整个社会的上层建筑也将得到相应的改观。在泰勒之前，工业革命造成了资产阶级与无产阶级这两大阶级的对峙。随着生产力的发展，体力工作者收入大幅增加，工作强度和时间大幅下降，社会地位上升，他们由无产阶级变成了中产阶级，并且占据社会的主导地位。前者的哑铃型社会充满了斗争与仇恨，后者的橄榄型社会则相对稳定与和谐——体力工作者生产力的提升，彻底改变了社会的阶级结构，形成了我们所说的发达国家。

体力工作者的工作强度降低，平均寿命相应延长，加上工作时间的大幅缩短，这"多出来"的许多时间，主要转向了教育。教育时间的大幅延长，催生了一场更大的上层建筑的革命——资本主义的终结与知识社会的出现。1959 年美国的人口统计显示，靠知识谋生的人口超过体力劳动者，成为劳动人口的主力军。这就是我们所

x

说的知识社会。目前，体力工作者在美国恐怕只占 10% 左右了。知识社会的趋势从以美国为代表的发达国家开始，向全世界推进。

第二次生产力革命：德鲁克"管理"

为了因应知识社会的来临，彼得·德鲁克通过《管理的实践》及《卓有成效的管理者》[○]等核心著作开创了管理学，管理学科的系统建立与广泛传播大幅提升了组织的生产力，使社会能容纳如此巨大的知识群体，并让他们创造绩效成为可能，这是人类工作史上第二次"更聪明地工作"。

在现代社会之前，全世界能吸纳最多知识工作者的国家是中国。中国自汉代以来的文官制度，在隋唐经过科举制定型后，为知识分子打通了从最底层通向上层的通道。这不但为社会注入了源源不断的活力，也为人类创造出了光辉灿烂的文化，是中国领先于世界的主要原因之一。但无论怎么说，中国传统社会能吸纳的知识分子，毕竟只占人口的很少一部分。至清朝时，中国大概每年还能吸纳两万名左右，而美国以同等人口每年毕业的大学生就高达百万以上，再加上许多在职员工通过培训与进修从体力工作者转化为知识工作者的人数，就更为庞大了。特别是二战后实施的《退伍军人权利法案》，几年间将二战后退伍的军人几乎全部转化成了知识工作者。如果没有管理，整个社会将因无法消化这么巨大的知识群体而陷入危机。

通过管理提升组织的生产力，现代社会不但消化了大量的知识群体，甚至还创造出了大量的新增知识工作的需求。与体力工作者

的生产力是以个体为单位来研究并予以提升不同，知识工作者的知识本身并不能实现产出，他必须借助组织这个"生产单位"来利用他的知识，才可能产出成果。正是德鲁克开创的管理学，让组织这个生产单位创造出应有的巨大成果。

为了衡量管理学的成就，我们可以将20世纪分为前后两个阶段来进行审视。20世纪上半叶是人类有史以来最为血腥、最为残暴、最惨无人道的半个世纪，短短50年的时间内居然发生了两次世界大战，最为专制独裁及大规模高效率的种族灭绝都发生在这一时期。反观二战后的20世纪下半叶直到今天，人类总体上享受了长达70多年的经济繁荣和社会稳定。虽然地区摩擦未断，但世界范围内的大战毕竟得以避免。究其背后原因，正是通过恰当的管理，构成社会并承担了具体功能的各个组织，无论是企业、政府、医院、学校，还是其他非营利机构，都能有效地发挥应有的功能，同时让知识工作者获得成就感和满足感，从而确保了社会的和谐与稳定。我们在20世纪上半叶付出的代价，本质上是人类从农业社会转型为工业社会时缺乏恰当的组织管理所引发的社会功能紊乱。20世纪下半叶，人类从工业社会转型为知识社会，虽然其剧变程度更强烈，却因为有了管理，乃至于平稳地被所有的历史学家忽略了。如果没有管理学，历史的经验告诉我们，20世纪下半叶，很有可能会像上半叶一样令我们这些身处其中的人不寒而栗。不同于之前的两次大战，现在我们已具备了足以多次毁灭整个人类的能力。

生产力的发展、社会基石的改变，照例引发了上层建筑的变迁。首先是所有制方面，资本家逐渐没那么重要了，在美国，社会的主要财富通过养老基金的方式被知识员工所持有。从财富总量上看，再大的资本家如比尔·盖茨、巴菲特等巨富与知识员工持有的财富比较起来，也只是沧海一粟而已。更重要的是，从财富性质而言，社会的关键资源不再是资本，而是知识。社会的代表性人物也不再是资本家，而是知识精英或各类顶级专才。整个社会开始转型为后资本主义社会。社会不再由政府或国家的单一组织治理或统治，而是走向由知识组织实行自治的多元化、多权力中心化。政府只是众多大型组织之一，而且政府中越来越多的社会功能还在不断地外包给各个独立自治的社会组织。如此众多的社会组织，几乎为每一个人打开了"从底层向上层"的通道，意味着每一个人都可以通过获得知识而走向成功。当然，这同时也意味着不但在同一知识或特长领域中竞争将空前激烈，而且在不同知识领域之间也充满着相互争辉、相互替代的竞争。

泰勒的成就催生了知识型社会，德鲁克的成就则催生了竞争型社会。对于任何一项社会任务或需求，你都可以看到一大群管理良好的组织在全球展开争夺。不同需求之间还可以互相替代，一个产业的革命往往来自另一个产业的跨界打劫。这又是一次史无前例的社会巨变！人类自走出动物界以来，上百万年中一直处于"稀缺经济"的生存状态。然而，在短短的几十年里，由于管理的巨大成就，人类居然可以像儿童置身于糖果店中一般置身于"过剩经济"的"幸福"状态中，由此呼唤第三次生产力革命的到来。

第三次生产力革命：特劳特"定位"

竞争重心的转移

在科学管理时代，价值的创造主要在于多快好省地制造产品，因此竞争的重心在工厂，工厂同时也是经济链中的权力中心，生产什么、生产多少、定价多少都由工厂说了算,销售商与顾客的意愿无足轻重。福特的名言是这一时代权力掌握者的最好写照——你可以要任何颜色的汽车,只要它是黑色的。而在组织管理时代,价值的创造主要在于更好地满足顾客的需求,相应地,竞争的重心由工厂转移到了市场,竞争重心的转移必然导致经济权力的同步转移,离顾客更近的渠道商就成了经济链中的权力掌握者。马云、马化腾、扎克伯格等互联网企业家巨大的影响力并不在于他们的财富,而在于他们与世界上最大的消费群体距离最近。而现在,新时代竞争的重心已由市场转移至心智,经济权力也就由渠道转移至顾客。谁能获取顾客心智的力量,谁就能摆脱渠道商的控制而握有经济链中的主导权力。在心智时代,顾客选择的力量掌握了任意企业、任何渠道的绝对的生杀大权。

选择的暴力

特劳特在《什么是战略》[⊖]开篇中描述说:"最近几十年里,商业发生了巨变,几乎每个品类可选择的产品数量都有了出人意料的增长。比如,在20世纪50年代的美国,买小汽车就是在通用、福特、克莱斯勒或美国汽车这四家生产的车型中挑选。今天,你要在通用、福特、克莱斯勒、丰田、本田、大众、日产、菲亚特、三菱、雷诺、铃木、宝马、奔驰、现代、大宇、马自达、五十铃、起亚、沃尔沃等约300种车型中挑选。"甚至整个汽车品类都将面临着短途飞机和高铁等新一代跨界替代的竞争压力。汽车业的情形,在其他各行各业中都在发生。移动互联网的发展,更是让全世界的商品和服务来到我们面前。如何对抗选择的暴力在竞争中胜出,赢得顾客

⊖ 该书中文版已由机械工业出版社出版。

的选择而获取成长的动力，就成了组织生存的前提。

这种"选择的暴力"，只是展示了竞争残酷性的一个方面。另外，知识社会带来的信息爆炸，使得本来极其有限的顾客心智更加拥挤不堪。根据哈佛大学心理学博士米勒的研究，顾客心智中最多也只能为每个品类留下7个品牌的空间。而特劳特先生进一步发现，随着竞争的加剧，最终连7个品牌也容纳不下，只能给两个品牌留下心智空间，这就是定位理论中著名的"二元法则"。在移动互联网时代，特劳特先生强调"二元法则"还将演进为"只有第一，没有第二"的律则。任何在顾客心智中没有占据一个独一无二位置的品牌，无论其规模多么庞大，终将被选择的暴力摧毁。品牌的衰败则直接意味着品牌背后企业的衰败。这才是推动全球市场不断掀起并购浪潮的根本力量，而不是人们通常误以为的是资本在背后推动着并购，资本只是被迫顺应顾客心智的力量。特劳特先生预言，与未来几十年相比，我们今天所处的竞争环境仍像茶话会一般轻松，竞争重心转移到心智将给组织社会带来空前的紧张与危机，因为组织存在的目的，不在于组织本身，而在于组织之外的社会成果。当组织的成果因未纳入顾客选择而变得没有意义甚至消失时，组织也就失去了存在的理由与动力。这远不只是黑格尔提出的因历史终结带来的精神世界的无意义，而是如开篇所引马克思的唯物史观所揭示的，关乎社会存在的根本柱石发生了动摇。

走进任何一家超市，或者打开任何一个购物网站，你能看见的货架上躺着的大多数商品，都是因为对成果的定位不当而成为没有获得心智选择力量的、平庸的、同质化的品牌。由此反推，这些平庸甚至是奄奄一息的品牌背后的企业及在这些企业中工作的人，他们的生存状态是多么令人担忧——这必将成为下一个社会急剧动荡的根源。

吊诡的是，从大数据到人工智能等改进效率的手段不但没能缓解这一问题，反而加剧了这种动荡。原因也很简单，大量技术的运用只是提升了组织内部供应的效率，而组织的挑战主要不在内部，而是外部的失序与拥挤。和过去的全面质量管理、流程再造等管理工具一样，这种提高内部供应能力的"军备竞赛"此消彼长，没有尽头。如果不能精准定位，内部供应能力提高再多，也很难转化为外部成果。

新生产工具：定位

在此背景下，为组织准确定义成果、化"选择暴力"为"选择动力"的新生产工具——定位（positioning），在 1969 年被特劳特发现，引发了第三次生产力革命。在谈到为何采用"定位"一词来命名这一新工具时，特劳特曾说："《韦氏词典》对战略的定义是针对敌人（竞争对手）确立最具优势的位置（position）。这正好是定位要做的工作。"在顾客心智（组织外部）中针对竞争对手确定最具优势的位置，从而使品牌胜出竞争赢得优先选择，这就是企业需全力以赴实现的成果，也是企业赖以存在的唯一理由。特劳特先生的核心著作《定位》[⊖]、《商战》[⊜]和《什么是战略》，读者应该先从这三本著作开始学习定位。

定位引领战略

1964 年，德鲁克出版了《为成果而管理》[⊜]一书，20 年后他回忆说，其实这本书的原名是《商业战略》，但是出版社认为，商界人

⊖⊜⊜　这三本书的中文版已由机械工业出版社出版。

士并不关心战略，所以说服他改了书名。这就是当时全球管理界的真实状况。然而，随着前两次生产力革命陆续发挥出巨大效用，产能过剩、竞争空前加剧的形势，迫使学术界和企业界开始研究与重视战略。一时间，战略成为显学，百花齐放，亨利·明茨伯格甚至总结出了战略学的十大流派，许多大企业也建立了自己的战略部门，设置了首席战略官等职位。1996 年，战略领域的全球第一权威、哈佛商学院的迈克尔·波特教授总结了几十年来的战略研究成果，清晰地定义了战略："战略，就是创造一种独特、有利的定位。""最高管理层的核心任务是制定战略：界定并宣传公司独特的定位，进行战略取舍，在各项运营活动之间建立配称关系。"波特同时指出了之前战略界众说纷纭、乱象频生的原因，在于人们未能分清"运营效益"和"战略"的区别。从泰勒的科学管理到如今的人工智能，主旨在于提高运营效益，意味着比竞争对手做得更好；战略则意味着做到不同，创造与众不同的差异化价值。提高运营效益是一场没有尽头的军备竞赛，可以模仿、追赶，只能带来短暂的竞争优势；战略则无法模仿，可以带来持续的长期竞争优势。

比如，在产品高度同质化、消费者毫无忠诚度、固定成本刚性且居高不下、行业整体增长缓慢的航空业，特劳特针对美国航空、达美航空这些巨无霸企业的多舱级混合经营特点，将美国西南航空公司定位为单一舱级的航空公司，这一战略使美国西南航空公司成为有史以来最赚钱的航空公司，迄今无人能模仿和超越。

再比如，在竞争激烈、市场高度碎片化的汽车二手车市场，特劳特为瓜子二手车建立了"二手车直卖网"的战略定位，明确了"瓜子二手车"的战略大机会，并在发展中护航瓜子及时调整战略，规划业务创新，仅用三年时间就成为二手车行业领导者，后发先至，颠覆了传统的二手车行业，2019 年 3 月获得软银 15 亿美元 D 轮投资，投后估值超过 90 亿美元。

定位引领运营

企业有了明确的定位以后，几乎可以立刻识别出企业的哪些运营动作加强了企业的战略，哪些运营动作没有加强企业的战略，甚至和战略背道而驰，从而做到有取有舍，集中炮火对着同一个城墙口冲锋，"不在非战略机会点上消耗战略竞争力量"（任正非语）。举凡研发、创新、设计、制造、产品、人力资源、投资、价格、渠道、供应链、流程、公关、传播、顾客体验，等等，所有的运营动作都必须能够加强而不是削弱定位。

比如美国西南航空公司，在定位明确之后，上下同心，围绕定位建立了环环相扣、彼此加强的复杂的运营系统：不提供餐饮，不指定座位，无行李转运，不和其他航空公司联程转机，只提供中等规模城市和二级机场之间的短程点对点航线，单一波音 737 组成的标准化机队，频繁可靠的班次，15 分钟泊机周转，精简高效士气高昂的员工，较高的薪酬，灵活的工会合同，员工持股计划，等等，这些运营动作组合在一起，夯实了战略定位，让美国西南航空公司能够在提供超低票价的同时还能为股东创造丰厚利润，使得美国西南航空公司成为一家在战略上与众不同的航空公司。

加多宝（2012 年之前打造的品牌为王老吉）的实践也证明（见特劳特"定位经典丛书"之《2 小时品牌素养》[○]之"详解王老吉成功之道"），我们无论哪一年针对定位来检索内部运营，总是能发现不少与定位要求不合的运营，同时也存在对定位机会投入不足的运营，通过

○ 该书中文版已由机械工业出版社出版。

加强后者和删除前者,加多宝在投入并不比竞争者更大的前提下,释放了惊人的生产力,销售额在几年之内从 1 亿元增加到 200 多亿元,从一个不知名的地方饮料超越可口可乐成为中国第一大饮料。

所有个人和组织都需要定位

定位与管理一样,不仅适用于企业,还适用于政府、医院、学校等各类组织,以及城市和国家这样的超大型组织。一个岛国——格林纳达,通过从"盛产香料的小岛"重新定位为"加勒比海的原貌",从一个平淡无奇的小岛变成旅游胜地;与此类似,把新西兰从"澳大利亚旁边的一个小国"重新定位为"世界上最美丽的两个岛屿";把比利时从"去欧洲旅游的中转站"重新定位为"美丽的比利时,有五个阿姆斯特丹",等等。目前,中国有些城市和景区因定位不当而导致生产力低下,出现了同质化现象,破坏独特文化价值的事时有发生……同样,我们每个人在社会中也一样面临竞争,所以也需要找到自己的定位。个人如何创建定位,详见特劳特"定位经典丛书"之《人生定位》[⊖],它会教你在竞争中赢得雇主、上司、生意伙伴、心上人的优先选择。

定位客观存在

事实上,并不存在要不要定位的问题,而是要么你是在正确、精准地定位,要么你是在错误地定位,从而根据错误的定位配置企业资源。这一点与管理学刚兴起时,管理者并不知道自己的工作就是做管理非常类似。由于对定位功能客观存在缺乏"觉悟",企业常常在不自觉中破坏已有的成功定位,挥刀自戕的现象屡屡发生、层

⊖ 该书中文版已由机械工业出版社出版。

出不穷。当企业破坏了已有的定位，或者企业运营没有遵循顾客心智中的定位来配置资源，则不但造成顾客不接受新投入，反而将企业巨大的资产浪费，甚至使企业毁灭。读者可以从特劳特"定位经典丛书"之《大品牌大问题》[⊖]一书中看到诸如 AT&T、DEC、通用汽车、米勒啤酒、施乐等案例，它们曾盛极一时，却因违背顾客心智中的定位而由盛转衰，成为惨痛教训。

夺取"心智资源"

企业最有价值的资源是什么？这个问题的答案是一直在变化的。100 年前，可能是土地、资本；40 年前，可能是人力资源、知识资源。现在，这些组织内部资源的重要性并没有消失，但其决定性的地位都要让位于存在于组织外部的顾客心智资源，也就是占据一个定位。没有心智资源的牵引，其他所有资源都只是成本。企业经营中最重大的战略决策，就是找到一个正确的定位，然后将所有资源集中起来占领这个定位，这才是企业生生不息的大油田、大资源，借用德鲁克的用语，即开启了"心智力量战略"（mind power strategy）。股神巴菲特之所以几十年都持有可口可乐的股票，是因为可口可乐占据了可乐的定位；有人问巴菲特为什么一反"不碰高科技股"的原则而购买苹果公司的股票，巴菲特回答说，在我的孙子辈及其朋友的心智之中，iPhone 已经是智能手机的代名词，我看重的不是市场份额，而是心智份额（大意，非原语）。对于巴菲特这样的长期投资者而言，企业强大的心智资源才是最重要的内在价值及"深深的护城河"。

衡量企业经营决定性绩效的方式，也从传统的财务盈利与否，

⊖ 该书中文版已由机械工业出版社出版。

XX

转向为占有心智资源（定位）与否。这也解释了为何互联网企业即使不盈利也能不断获得大笔投资，因为占有心智资源（定位）本身就是最大的成果。历史上，新生产工具的诞生，同时会带来新的生产方式，互联网公司这种直取心智资源（定位）而不顾盈利的生产方式，就是由新的生产工具带来的。这不只发生在互联网高科技产业，实践证明传统行业也完全适用。随着第三次生产力革命的深入，其他产业与非营利组织将全面沿用这一新的生产方式——第三次"更聪明地工作"。

伟大的愿景：从第三次生产力革命到第二次文艺复兴

第三次生产力革命将会对人类社会的上层建筑产生何种积极的影响，现在谈论显然为时尚早，也远非本文、本人能力所及。但对于正大踏步迈入现代化、全球化的中国而言，展望未来，其意义非同一般。我们毕竟错过了前面两次生产力爆炸的最佳时机，两次与巨大历史机遇擦肩而过（万幸的是，改革开放让中国赶上了这两次生产力浪潮的尾声），而第三次生产力浪潮，中国却是与全球同步，甚至种种迹象显示中国很可能正走在第三次生产力浪潮的前头。继续保持并发展这一良好势头，中国就大有希望。李泽厚先生在《文明的调停者——全球化进程中的中国文化定位》一文中说道：

有学者说，中国要现代化，非要学习基督教不可；也有学者说，要有伊斯兰教的殉教精神。我以为恰恰相反。注重现实生活、历史经验的中国深层文化特色，在缓和、解决全球化过程中的种种困难和问题，在调停执着于一神教义的各宗教、文化的对抗和冲突中，也许能起到某种积极作用。所以我曾说，与亨廷顿所说相反，中国文明也许能担任基督教文明和伊斯兰教文明冲突中的调停者。当然，这要到未来中国文化的物质力量有了巨大成长之后。

随着生产力的发展、中国物质力量的强大，中华文化将可能成为人类文明冲突的调停者。李泽厚先生还说：

中国将可能引发人类的第二次文艺复兴。第一次文艺复兴是回到古希腊传统，其成果是将人从神的统治下解放出来，充分肯定人的感性存在。第二次文艺复兴将回到以孔子、庄子为核心的中国古典传统，其成果是将人从机器（物质机器与社会机器）的统治下解放出来，使人获得丰足的人性与温暖的人情。这也需要中国的生产力足够发展，经济力量足够强大才可能。

历史充满了偶然，历史的前进更往往是在悲剧中前行。李泽厚先生曾提出一个深刻的历史哲学：历史与伦理的二律背反。尽管历史与伦理二者都具价值，二者却总是矛盾背反、冲突不断，一方的前进总要以另一方的倒退为代价。在历史的转型期更如是。正是两次世界大战付出了惨重的伦理道德沦陷的巨大代价，才使人类发现了泰勒生产方式推动历史前进的巨大价值而全面采用。我们是否还会重演历史，只有付出巨大的代价与牺牲之后才能真正重视、了解定位的强大功用，从而引发第三次生产力革命的大爆发呢？德鲁克先生的实践证明，只要我们知识阶层肩负起对社会的担当、责任，我们完全可以避免世界大战的再次发生。在取得辉煌的管理成就之后，现在再次需要知识分子承担起应尽的责任，将目光与努力从组织内部转向组织外部，在顾客心智中确立定位，从而引领组织内部所有资源实现高效配置。

　　毫不夸张地说，在信息时代，随着科技与全球化的演进，几乎一切人类组织都需要彻底的再造与不断的重新定位，且时时刻刻都需要审视组织的内部资源或成本投向是否指向了企业外部的定位建立、强化与扩大，否则组织必将遭受选择暴力的袭击而迅速衰败。历史毕竟是人创造的，从第三次生产力革命到第二次文艺复兴，为中国的知识分子提供了一个创造人类新历史的伟大愿景。嘻嘻！高山仰止，景行行止，壮哉伟哉，心向往之……

邓德隆

特劳特伙伴公司全球总裁

写于 2011 年 7 月

改于 2017 年 8 月

再改于 2019 年 3 月

世界上许多人认为定位是一个相对较新的概念。原因是，不同于"卓越""质量"或"再造"等概念在商业世界中的迅速兴起，"定位"是悄然兴起的。

"定位"这一概念的出现要追溯到 1969 年，当时我在美国《工业营销》（*Industrial Marketing*）杂志上发表了一篇题为《定位：同质化时代的竞争之道》（Positioning is a game people play in today's me-too market place）的文章。

人们并未因此而震动，只有很少人注意到这篇文章。

在此之后，我又写了更多关于"定位"的文章，做了许多相关演讲。1981 年，我和艾·里斯（Al Ries）合著了《定位》一书。

由于"定位"这一概念是慢慢渗入商界的，所以它看起来仍然像一个新鲜的新概念。这也是为什么 1994 年"定位"一词在美国出版物上被提及了 16 917 次。

作为定位概念的发明者，我可以确信地说，这个概念需要更新。

对心智的新认识

我们一直强调"定位"的含义是要在顾客心智中占据一个概念，而不是对产品做些什么。商战的最终战场是心智，所以你越了解心智运作规律，你越能更好地了解定位是如何发生作用的。

正因如此，我们一直在研究心智以及它是如何接收、储存或拒绝信息的。本书第一部分将详细阐述这些新认识，我们甚至还引入了一些心理学家的观点。

在这个飞速发展的世界中，"变化"已经成为一个越来越重要的因素，这也是我在早期的定位工作中未涉及的问题。

随着时间的推移，我开始遇到两类公司，各自面临不同的问题。

第一类公司在顾客心智中已经失去了焦点。它们进行品牌延伸和多元化，自己造成了这种后果。雪佛兰汽车就是一个例子，它曾经一度是美国人的家庭汽车，拥有实实在在的性价比。但如今⊖，雪佛兰有大车，也有小车；有便宜的，也有贵的；有跑车，有轿车，还有卡车。雪佛兰再也不是"美国的心跳"了。福特汽车成了美国汽车行业的第一品牌。雪佛兰汽车需要重新回归到其根本定位上。

第二类公司的问题与"变化"相关，我注意到这是因为公司背后的市场发生了变化。为了生存下去，公司不得不寻找一个新的概念或定位以带动它们向前发展。莲花发展公司（Lotus Development Corporation）就是一个这样的例子，它的电子制表软件业务在高科技巨头微软公司的冲击下走到尽头（我将在本书第 8 章中用更长的篇幅进行阐述）。

"重新定位"是解决这几类营销问题的答案，因此本书将用大量

⊖　指本书的写作年代——20 世纪 90 年代。本书写作于 1995 年，书中提及的时间均以此为基准年度。——译者注

的篇幅讲述"重新定位"以及如何实施"重新定位"战略，这是一项极具挑战的工作。本书的第二部分会详细阐述一些案例。

很多行业诀窍

我最后要说的是：熟能生巧。即便没有达到"巧"的状态，你也会比之前好多了。

自定位理论诞生25年以来，我和我的合伙人一起做了数百个定位项目——从棺材到计算机，几乎囊括了所有产品。

定位的工作让我走遍了世界各地。在这个过程中，我学到了一些在我的早期作品中没有提及的行业诀窍。本书的第三部分将会详细阐述这些诀窍，例如声音的力量、对名字的最新理解、市场调研的问题，以及定位广告要简单直白不要矫揉造作等。仅这一部分就让本书物超所值。

那么请各位往下读吧。《新定位》囊括了我对"定位"的最新思考。如果这一次你依然无法领会，那就只能靠你自己了。

杰克·特劳特

理解心智

大脑难以接近，因此仍是个谜团。它是一个重达 1.4 千克的柔软的粉红色和灰色组织，被粗糙的膜包裹着，浸在脑脊液中，最外部是坚硬的颅骨。除了一些优秀的神经外科医生和科学家，没有人见过工作中的大脑。几乎所有关于脑功能的结论皆出自对受损大脑的研究，比如中风、脑损伤，或者有先天缺陷的大脑。

——芭芭拉·布尔，《大脑功能图释》
（*Charting Brain Functions*）作者

第 1 章
心智疲于应付

THE
NEW
POSITIONING

尽管心智是神秘的，但可以肯定的是：心智正遭受攻击。

在《定位》一书中，我们用了大量事例证明，美国已成为世界头号"传播过度"的国家。媒体的爆炸式增长和随之而来的信息量的增加，已极大地影响了人们接受或摒弃信息的方式。传播过度已经改变了媒体向人传递信息及对人产生影响的整个过程。

20 世纪 70 年代的"信息超载"现象，相比于 20 世纪 90 年代，可以说是小巫见大巫了。下列数据生动地描述了这一情况：

- 近 30 年产生的信息量比过去 5000 年还多。
- 印刷品的信息总量每 4 ~ 5 年翻一番。
- 《纽约时报》一个工作日所刊登的信息量比生活在 17 世纪的英国人平均一生所接触的信息量还多。
- 全世界每天有 4000 本新书出版。
- 一个白领平均每年消耗 250 磅⊖纸，是 10 年前的两倍。

你也许会注意到，这些都以纸为传播载体。那么，在传播过度的社会中，电子信息的情况又如何呢？

电子信息狂轰滥炸

不管你走到世界哪个角落，都能接触到源源不断的卫星信号。在英国，当一个孩子 18 岁时，他已经接触过 140 000 条电视广告。

⊖　1 磅 =0.4536 千克。——译者注

在瑞典，消费者平均每天收到 3000 条广告信息。

说到广告，欧洲 11 个国家在 1992 年共计播放了 300 万条电视广告。

与此同时，美国的电子信息传播过度问题也初见苗头。专家告诉我们，电视频道将由 50 个暴增到 500 个。你能想象拿着遥控器在如此多的频道中穿梭吗？当你终于找到想看的节目时，节目又即将结束了。

法国的小酒馆也深受信息传播过度之苦。据《纽约时报》报道，法国的酒馆纷纷倒闭，一个酒馆老板叹气道："巴黎人变得像美国人一样了，来去匆匆，热衷于外卖而不是坐下来平静地吃东西，到了晚上，人们又匆忙赶回家看电视。"

除此之外，还有计算机和被大肆炒作的信息高速公路，它们通过光导电缆、光盘或其他载体将海量信息传递给千家万户（1975 年，可使用的在线数据库仅有 300 个，而现在达到了 7900 个，也就是几十亿比特的信息量）。如果这成为现实，许多人可能会患上"百科全书恐惧症"，害怕被电子百科全书淹没。

人们变得更聪明了吗

信息量增长了，但有多少信息进入了大脑？

在语言方面，似乎进展不大。例如，英语现在大约有 50 万个可用词汇，是莎士比亚时期的 5 倍，即便如此，一个普通美国人只认得 20 000 个词汇，电视新闻使用的单词也不超过 7000 个。

在信息存储方面，一位在记忆研究领域走在前列的德国科学家发现，在 24 小时内人们会遗忘 80% 他们认为所学过的知识（每个学生在考试前临时抱佛脚时有类似体会）。

在信息获取方面，一些科学家沉浸在技术数据中无法自拔，声称做实验所花的时间比判断此实验是否曾经有人做过的时间还要少。

现在，假设你真想变聪明，不看球赛，潜心阅读。仍以《纽约时报》为例，一本厚厚的周日版报纸有 1600 多页，包含 1000 多万个单词，重达 12 磅。

按每分钟 500 字的最快阅读速度计算，一天阅读 18 个小时，读完一份报纸要花 18 天。当然，等你读完了，又有两星期未读的报纸堆积在面前。

难怪有人说："出版量增加了，阅读量减少了。"

智能电视机情况如何

也许你认为看报纸很可笑，宁愿选择电子方式，这样时间更短、效率更高。铺天盖地的文章都在说电视机将变得像计算机一样（反之亦然）。人们坐在这台神奇的机器面前看节目、看新闻、玩游戏、交流互动、计算、购物，电视机将无所不能。

我怀疑这一切是否真的会发生，但如果发生了呢？这些奇妙的机器真的能使人变聪明吗？能使人更善于思考吗？可能从长期接触计算机的人身上能找到答案，他们变得更聪明了吗？

计算机是否有害于心智

爱德华·德·博诺（Edward de Bono）是美国最杰出的思想家之一，写过 40 本关于创造性思维的书。他曾撰文称："思考，在美国已成为一门失传的艺术。"而那些所谓的思考也存在"严重缺陷"。

博诺认为，问题往往由多种因素造成，这些因素使人麻痹，以至于人们分析得越来越多，而思考得越来越少。看到一些当今最优秀的企业问题缠身，你就会同意博诺的观点了。实际上，为了提高管理层的思考能力，这些企业在计算机和网络工程方面下了血本。

拿数字设备公司（Digital Equipment Corporation）来说，这家公司正面临困境，它是最早使用电子邮件的公司之一。20 世纪 80 年代初，去该公司的办公室走一圈，你不禁要惊叹于成千上万的台式计算机，它们彼此相连，向世界各地输送信息。

有一天我去了斯坦·奥尔森（Stan Olsen）的办公室，他是数字设备公司前 CEO 肯·奥尔森（Ken Olsen）的兄弟，也是公司创始人之一。我问他对于电子邮件的看法，他的回答令我吃惊："跟你说实话吧，很多人给我发邮件，一天结束了我把所有邮件打印出来，足足 30 英尺[⊖]厚。我不可能读完所有邮件，要想找到我，只有通过电话。"

关于邮件的问题仍未解决。一份 1994 年的调查透露，50% 的行政秘书表示公司在邮件使用上缺乏理性政策。

⊖　1 英尺＝ 0.3048 米。——译者注

信息越多，混乱越多

数字设备公司的问题也出现在其他计算机化的大公司里，如通用汽车（GM）、IBM 和西尔斯百货。原因归结到一点，那就是信息过量。

显然，计算机方面的巨额投入并未使这些公司思路清晰，反而帮了倒忙。我开始怀疑，输出的信息越多，人们就越感到困惑。

这个问题造成一种病症，可以称为"堆砌"。我们被多余的词汇、冗长的数据和毫无意义的术语包围，快要窒息。要解决问题，必须拨开多余的信息，直取要害。杰克·韦尔奇（Jack Welch）是通用电气（General Electric）的 CEO，他在接受《哈佛商业评论》采访时说出了问题关键：

> 缺乏安全感的经理人制造复杂。担心害怕、神经紧张的经理使用厚厚的、成摞的计划书和繁杂的幻灯片，几乎囊括了从小到大所知的全部东西。真正的领导者不需要堆砌。人们必须对清晰、准确保持自信，确保组织里每个人——从最高层到最低层，都清楚企业要实现的目标。但这并不容易。你很难相信让人们做到简单是如此困难，大家对简单是如此担心。人们担心，如果自己保持简单，别人就会认为自己头脑简单。当然，事实上恰恰相反，只有头脑清晰、意志坚定的人能做到最简单。

情况越来越糟

我多年前所谈到的问题现在变得更加严重了。技术的发展带来越来越多的信息，而心智却跟不上发展节奏。

要说现在有什么变化，我猜是人们对汹涌的信息大潮建立了自我防御机制，以屏蔽越来越多的信息。

这意味着，企业的努力能否成功，取决于对定位过程中这五个最重要的心理因素的理解程度：

- 心智容量有限。
- 心智憎恨混乱。
- 心智缺乏安全感。
- 心智难以改变。
- 心智会丧失焦点。

第 2 章

心智容量有限

营销人员的心智与顾客的心智往往相左。

营销人员喜欢坐下来，精心论证他们的产品。他们有诸多漂亮的理由，包含各种解释、利益点和事实依据，论证十分充分。

不幸的是，当这些论证呈现给顾客时，他们的心智并不能处理那么多华丽的信息。

我们的认知具有选择性，而记忆更是具有高度选择性。

我们的大脑天生带有生理上的局限性，没有能力处理无限量的信息刺激。

人们看世界，留下的仅仅是印象，而不同于照相机记录一切。记忆也不像录音机，一打开就开始存储信息。

首要困难

首先，你的信息必须通过心智的"容量控制器"。

如果把人脑比作一台复杂的生物计算机，那么"突触"——神经元传导冲动的接触点，就相当于容量控制器。这一点非常重要，因为如果没有突触的缓冲作用，一个神经元输出的冲动会进入大脑密集的网络中，像森林大火一样烧到四面八方，引发大脑大面积短路。

信息通过这个缓冲区后，就进入了短期记忆区。不幸的是，这里信息仍只做短暂停留。不管是信息量大小还是存储时间，短暂记忆区的能力都十分有限。

　　50 年前，哈佛大学心理学家乔治·米勒（George Miller）提出，人的短期记忆最多可以存储 7 个信息单位，比如在一个品类里，人们最多能记住 7 个品牌。

　　确实如此，对大多数人来说，如果不反复提醒，7 个信息单位，比如 7 位数的电话号码仅能在大脑中停留几秒钟或 1 分钟。

　　我们对经常旅行的人做了个小测试。美国排名前 7 位的租车公司是赫兹（Hertz）、安飞士（Avis）、爱路美（Alamo）、百捷乐（Budget）、国家租车（National）、道乐（Dollar）和苏立夫提（Thrifty），那么排名第 8 的是什么？（答案：谁在乎呢！）

　　对任何旅行者来说，记住 7 个品牌已达记忆极限。不管排名第 8 的租车公司是谁，Value、Payless 或者 Advantage 公司，都没这个运气。

　　信息进入短期记忆区后，很快便永久性地消失了，除非它被转化成长期记忆。一些心理学家推测，80% 的短期记忆不会被转化。

　　同时，短期记忆更注重听觉信息而非视觉信息，但长期记忆可以两者兼顾。诺贝尔奖获得者赫伯特·西蒙（Herbert Simon）对记忆进行了研究，他说："在阅读时，为了把阅读信息存储进短期记忆区，人脑会将信息转化成声音。"因此，似乎口头信息比书面信息的短期记忆效果更好（关于这一重要观点的更多讨论，请参见第 14 章）。

　　我们必须要处理的下一个问题是：呈现给心智的信息的本质是什么。

信息 vs. 数据

发表于 1949 年的论文《通信的数学原理》（*The Mathematical Theory of Communications*）具有划时代的意义。作者在文中称，信息可以"减少不确定性"。若果真如此，那么伟大的"信息时代"实际上是"非信息"的大爆炸，是数据的大爆炸。互联网的拥趸不会告诉你，网上充斥着大量未经编辑、未经筛选的数据。由于编辑人员、校对人员或评论家的匮乏，互联网已成为堆满未经过滤数据的垃圾场。

数据和信息有什么不同呢？

信息必须能够让人理解。因此，对某个人有意义的信息也许对另一个人仅仅就是数据。

如果它对你没有意义，它就不是信息。

顾客不会相信唐牌西柚味饮料（Grapefruit Tang）喝起来有上等西柚味饮料的味道，因为唐牌这个名字很强烈地让人联想到它橙味饮料的味道和成分。

金宝汤公司（Campbell Soup）将其意面调味酱命名为 Prego，因为公司发现用金宝汤这个名字会给人这种酱稀薄而有柑橘味的暗示。⊖

嘉露（Gallo）这种大罐葡萄酒⊜品牌名绝不适合用水晶高脚杯。纽约四季酒店时髦的餐厅里出售瓶装嘉露牌赤霞珠葡萄酒（Gallo's

---

⊖ 金宝汤代表了汤，这个名字容易给消费者汤的联想。——译者注
⊜ 大罐葡萄酒是指用于佐餐的普通等级葡萄酒。——译者注

Cabernet Sauvignon），经理对葡萄酒品质赞不绝口，但是他们一周仅卖出一瓶，因为"人们到四季酒店这种场所，不敢点一瓶叫这个名字的葡萄酒"。

心理防御圈

在传播过度的环境中，人们对眼前的信息抱有戒备心，信息经筛选后才被接受，这是大脑的自我防御机制。

社会学家称，我们在筛选信息的过程中至少有三层防御圈。

选择性接触是最外层防御圈（比如，我不愿意看歌剧，也不会看表演或者读杂志）。

接下来是选择性关注（太好了，新一期的《红酒鉴赏家》杂志来了）。

最后是选择性保留（下次，我想尝一尝产自俄勒冈的黑比诺葡萄酒（Pinot Noir））。

通过不接触、不关注或者不保留，人们可以屏蔽掉无用的或不感兴趣的信息。

我们总是注意到与自己的已有兴趣或态度有关联的事物，不论是支持的还是反对的。

此外，人们倾向于根据自己的已有观念，对传播做出错误认知或错误解读。所以，每个听众会倾向于听到他自己所理解的信息。

兴趣和记忆

斯塔奇（Starch）调研公司多年来对不同产品的广告注目率[○]的研究数据表明，广告信息中有多少能抵达消费者，很大程度上取决于产品品类。

比如，不管是什么品牌名和产品利益点，在引发读者的阅读兴趣上，鞋类广告是地板广告的 2 倍。

同样，香水广告，不管是何种香水，其注目率是家具广告的 2 倍。

国产汽车的广告所吸引的读者人数，仅仅是进口汽车广告的 2/3。

我们发现，对于某些品类，人们从未记住里面的任何品牌，我称它为"零兴趣"品类，比如棺材。即使我告诉你棺材品类的领导品牌叫贝茨维尔（Batesville），你在读完三个段落后就会把它抛之脑后。

事实就是这样。这些兴趣等级和偏好，在我们拿起报纸杂志之前就已存在于我们的大脑中。

在某种程度上，学习的过程就是记住我们感兴趣的东西。对此，达·芬奇说得好："被逼进食不利健康，同样，学习若无兴趣，不仅有损记忆，而且会一无所获。"

情感和记忆

情感因素对记忆十分重要。《美国精神病学期刊》（*American*

Journal of Psychiatry）上的一篇文章写道："简单来说，一个人在快乐时更容易回忆起他在快乐时所记住的东西，难过时更容易回忆起他在难过时所记住的东西。"

这一现象的产生是由于记忆与大脑边缘系统紧密相连，而大脑边缘系统是情感处理中心。

美国国家心理健康机构（National Institute of Mental Health）的研究表明，大脑边缘系统的某些部分承担着筛选开关的功能，它决定着信息能否记录在大脑中。

有些事物，你只听到或看过一次，却终生难忘。有时候，记忆受到情感的影响，使人们记住那些本不会记住的信息。有关这一点，最熟悉的例子就是约翰·肯尼迪遇刺事件。

如果你已年过 45 岁[⊖]，你肯定记得在听到肯尼迪遇刺消息时你在哪里。那个地点重要吗？你当时在哪儿又有什么关系呢？可你确实记住了那个地方，它印在了你的脑海中。

当外部环境调动你的情绪时，大脑中的传导器就打开了，外部信息会牢牢地印在大脑中。人在遭受惊吓或打击时，会记住与此相关的更多信息。

米其林婴儿

轮胎是低关注度品类的代表。买车是个乐趣，但买轮胎是个麻

⊖　肯尼迪遇刺时间是 1963 年 11 月 22 日，本书著作时间是 1995 年，意味着你在肯尼迪遇刺时至少 13 岁了。——译者注

烦，谢天谢地我们不用经常买轮胎。

这种与生俱来的低关注度，使得为轮胎做广告成为一道难题。电视上一旦出现轮胎广告，心智就马上进入防御模式。

米其林轮胎（Michelin）成功地绕过了这道心理防线。为了加深观众的记忆，它使用了最有力的情感标志。

在米其林广告中，一些婴儿坐在轮胎里。

这些小宝贝不仅吸引人们观看和记住广告，还传递轮胎产品至关重要的特征——安全（这种轮胎可以保证你的小宝贝的安全）。

但是，在广告中打情感牌，需要慎之又慎。情感只能被用来传递销售信息或利益点。

一条广告，如果情感丰富而销售信息很少，那么观众会喜欢这条广告，但不会购买产品，因为他们记不住任何购买产品的理由。

以往经验和记忆

尼采曾写道："人们对与自己经验无关的事漠不关心。"

换句话说，我们只接受与我们的已有认知相关联的新信息。

这就是比较性学习，即把某一条信息和另一条信息关联起来。

学习理论家将这一过程称为"统觉"，这是一个在 19 世纪发展起来的概念。

统觉可以被定义为"把观察到的新特性与以往经验联系起来的理解过程"。换句话说，就是将新观念与旧观念联系起来。

心理学家詹姆斯 L. 詹金斯（James L. Jenkins）这样说："若想

形成可靠的记忆，记忆者必须选择事件中那些同个人经历紧密相关的方面来构成记忆。要做到这一点，他必须调整自己，与摆在眼前的事物合拍。"

"生活片段"和类比

根据历史数据，"生活片段"型广告[⊖]的难忘指数与随之而来的产品销量都非常高。

广告效果如此之好，是因为它提供了"过往经验"，使人们更容易与新信息建立联系。

创意人也许对止痛片广告中展现疼痛的画面嗤之以鼻，但那些广告容易被记住。

类比也是一种向目标消费者传递新概念的有效方法。同样的道理，你把新信息同消费者心智中已有的观念相关联。

一个恰当的案例是一个叫作 DBS（Direct Broadcast Satellite，直播卫星）的新音像服务商。DBS 的广告没有向人们本身就有限的心智解释它的技术，而是展现了一个简单而有力的类比：

"比如说我想看电影，要开车去音像店吗？不用，我哪也不去，直播电视就是我的音像店。"

这条信息以顾客头脑中已有的"音像店"作为开端，就找到了进入顾客心智的捷径。

⊖　生活片段型广告用人们日常生活中的某一片段来宣传产品。——译者注

新闻性

另一个使大脑欣然接受新信息的方法，就是努力让信息看上去像重要新闻。

太多广告企图取悦观众或自作聪明，却常常忽略了信息中的新闻性。

根据斯塔奇的调查，有新闻性的标题的注目率比没有新闻性的要高。不幸的是，大多数创意人将这种做法视为"旧新闻"。

如果人们认为你要向他们传达的是重要信息，通常他们都会睁大眼睛、竖起耳朵，吸纳你要传达的信息。

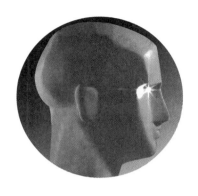

第 3 章

心智憎恨混乱

THE
NEW
POSITIONING

人类是有史以来最依赖学习的物种。

一位来自哥伦比亚大学神经生物学与行为研究中心的科学家说："学习是动物和人类获得新信息的方式，而记忆是将信息保存一段时间的方式。"

琳妮·雷德（Lynne Reder）是卡耐基梅隆大学研究记忆的实验心理学家，她指出："记忆不仅是你记住电话号码的能力，它是个动态系统，作用于思维过程的方方面面。我们用记忆来看见事物、理解语言和辨别方向。"

记忆的重要性

另一位心理学教授泰勒在英国《心智》（*Mind*）杂志上发文称：

> 大脑将信息保存一段时间的能力非常重要，所以对此能力的研究也早已有之。大多数研究都基于一个观点，即大脑中有一块叫"记忆"的区域，用来存储信息供日后使用。

> 持这种观点的人通常从外部世界找一个能存储信息的物质实体和人的记忆做类比解释。比如，希腊人喜欢将记忆比作蜡版——一种古代书写工具，而当代理论学家经常将记忆比作计算机的存储系统。记忆还曾被比作图书馆、仓库，甚至被嘲讽地比作垃圾桶。记忆被视作一个区域，这个概念始于几千年前，而且构成了大多数现代心理学家解释记忆的基础。

既然记忆如此重要，那么被记住的秘诀是什么呢？

保持简单

有人曾问爱因斯坦，对他建立相对论帮助最大的一件事是什么？爱因斯坦回答："弄清楚该如何思考这个问题。"

苹果公司前董事长约翰·斯卡利（John Sculley）说：

> 我们在工业时代所学习到的一切，都趋向于制造更多的复杂。我想越来越多的人正意识到，我们必须力求简单而不是复杂。这是一个典型的亚洲观念——大道至简。
>
> 最终，我们将提出一个完全不同的观念。事实不变，只是我们的观念发生改变。麦金塔计算机（Macintosh）的发展史就证明了这一点。市场调研无法发现顾客对麦金塔计算机的需求，但我们一旦发明它，并展现在人们面前，每个人都觉得这就是他们所需要的计算机。

专业的沟通者深谙此道，比如播音员，他们选择的词汇非常简单。

复杂的弊端

我们总是认为厌倦情绪是因缺少刺激而产生的，也就是某种信息供应量不足。

但越来越普遍的情况是，厌倦情绪因过度刺激或信息供应过量而产生。

信息和能量一样，总是退化成熵[⊖]——成为噪声，冗余和陈腐之物。换句话说，就像是信息在快马加鞭，跑在了意义的前面。

复杂甚至让有更强理解能力的人也无所适从。《纽约时报》编辑兼撰稿人乔治·约翰逊写道：

> 神经组织具有超高的复杂性，亲眼见过它的神经学家都为其细致和精巧而着迷。有些神经学家，比如诺贝尔奖获得者约翰·埃克尔斯（John Eccles）对大脑的复杂程度赞叹不已，以至于沦落为神秘主义。

希拉里·克林顿的长达 1342 页的《医疗保障法案》肯定是复杂到让人难以理解了。

只要看一看法案里难懂、混乱而烦人的提议：地区联合健康计划、保险基金和保险过渡改革方案、保险延长期协作计划。难怪这个法案在美国未能通过。

如果希拉里明白心智有多么憎恨混乱，现在就不必把自己重塑为更加传统的形象了。

复杂的答案一无用处。比如，每一位管理者都需要信息，因为一项决策和一个猜测的区别往往在于有无信息做支撑。尽管如此，

⊖ 熵定律是物理学中的热力学第二定律，它是指在一个封闭的系统里，能量总是从高的地方流向低的地方，系统从有序渐渐变成无序。信息也是一样，从有序渐渐变成无序。——译者注

现在的管理者不想被淹没在印刷品和报告的海洋中。

有一家叫 Find/SVP 的信息交易所，它非常成功，业务遍及 20 个国家。交易所的原则是：信息越少越有价值。它的研究员经过训练，在寥寥数页里给出精准而简单的答复。他们的口号是："只给你需要的信息。"

复杂性和"更多"

我们有个绝妙词语可用来解决问题：更多。

当道路变得拥挤时，我们建造更多的道路；当城市变得不再安全时，我们雇用更多的警察，兴建更多的监狱；当语言看起来不够用时，我们创造更多的词汇。

当街道超负荷时，我们就修建公路以缓解压力；当公路超负荷时，我们就修建超级高速公路以缓解压力；当它们再超负荷时，我们就修建新的超级高速公路。

这种混乱可以称作"无限倒退"。

一项研究估计，洛杉矶的高速公路在高峰时期的通行速度比马车还慢。原本为了解决交通问题，我们修建了更多道路，可结果相反，新的道路除了带来了更多的汽车，其他一点作用也没有。

"更多"不能解决问题。问题是学习，而非学校；是安全，而非警察数量；是通行能力，而非公路；是性能，而非产品。

我们有个绝妙词语可用来开发新产品：更多。

营销人员喜欢谈论"集成"，通过这个过程，一个融合多项技术、带有更多特性的新奇产品问世了。

这些产品会成功吗？

并不见得。它们过于混乱和复杂。人们抗拒混乱，喜欢简单。

混乱的概念

有些产品的基本概念就预示了产品的失败。并非产品本身不好用，而是它们毫无意义。

比如，门侬牌（Mennen）维生素 E 止汗剂，你没听错，将维生素 E 喷在腋下。

要是把这种概念传递给消费者，可以肯定，产品会成为笑话。除非它针对想拥有美国最健康、最完美腋窝的人，否则这个概念对顾客毫无意义，没有人会在这种产品上下工夫。

所以，这款止汗剂很快失败了。

再说一说美乐事起泡强力抗酸药（Extra-Strength Maalox Whip Antacid），你没听错，将一团起泡奶油似的东西喷在勺子上服用，以缓解烧心症状。

这种药很难搬上药房的货架，因为药剂师的嘲笑使得推销员快快而去。抗酸药要么是药片，要么是药水，而不是起泡奶油状的。

这使得制造商威廉姆 H. 罗勒（William H. Rorer）消化不良了，而且代价不菲。

混乱引起的麻烦再度来袭。

超出人的理解范围

什么东西是 1 万亿美元能买到而 10 亿美元买不到的？这些数字毫无意义，除非它们能和你的已有认知做比较。

举例来说，克林顿先生提交的 1995 年财政预算金额是 1.6 万亿美元，比上一年的预算增长了 500 亿美元，而上一年的预算比再上一年增长了 700 亿美元。

然而，关于政府预算增长的新闻无人问津，这是为什么呢？

原因很简单，没有人能在脑子里处理 1.6 万亿这样大的数字。

《华尔街日报》将预算数据做了处理，这样描述它：

> 如果将 1 美元钞票首尾相连，那么 1.6 万亿美元的钞票连起来可以延伸到月球吗？回答是：当然可以，而且还绰绰有余。实际上，这些钞票连起来差不多能达到从地球到太阳的距离。

> 想象一下，在 50 英尺长的火车车厢里塞满 1 美元的钞票，若要运送 1.6 万亿美元供美国国会一年的开销，需要多长的火车呢？每节车厢大约能装 6500 万美元，因此，为了平衡联邦政府收支，需要将钞票装满一列 240 英里[⊖]长的火车。换句话说，火车的长度足以贯穿整个东北走廊，从华盛顿起，经过特拉华、费城、新泽西，直到纽约市。

⊖ 1 英里＝1609 米。——译者注

"一口大小"的信息

《今日美国》采用的策略之一，是把信息精简成"一口大小"的信息块。

比如，美国人每年消耗多少牙膏？为得到答案，将总人口数（除去没有牙齿或不刷牙的 5000 万人）乘以平均使用量（每人每天消耗半英寸©牙膏），再乘以 365 天，最后你会得到一个大到荒谬的数字——牙膏长达 150 万英里。这个数字没有任何意义。

现在，我们看看牙膏的每日使用量，这个数字是 3000 英里，相当于从美国东海岸到西海岸的距离，一个大多数人可以理解的长度。

如果你想向对方传递一个巨大的数字，就要把数字拆解成人们心智可以理解的信息。

极度简化的力量

心智厌恶复杂和混乱，因此真正进入心智的最佳路径是让你的信息极度简化。

我们在《22 条商规》©里谈到，一些最具影响力的品牌都聚焦于一个词（佳洁士牙膏：防蛀；沃尔沃轿车：安全；Prego 调味酱：浓稠）。

○　1 英寸 = 0.0254 米。——译者注
○　该书中文版已由机械工业出版社出版。

美国电话电报公司（AT&T）在反击 MCI 通讯公司时，将"真正的"（true）这个词植入了顾客的心智[⊖]。谁知道这么复杂的长途话费是真是假呢？但是极度简化可以影响深远，特别是当你像 AT&T 那样投入那么多钱的时候（5 亿美元）。

简化思维

我们的经验是，不能长篇大论，而要把精力集中于一个有力的特性，让它进入心智。

那种突然的灵感，即在一瞬间看到解决问题的简单方法的创造性心智飞跃，完全不同于普通智慧。

《科学美国人》（*Scientific American*）杂志里的一篇研究性文章表明，容易"灵机一动"的人的智商高于普通水平。但在此水平之上，高智商与用简单方法解决难题的能力之间似乎没有关系。

如果有一个窍门，可用来帮助你找到简单的词语，那就是无情地删减你的品牌故事。

如果对于你的诉求，其他品牌也能描述，请剔除它。如果信息需要复杂的分析证明，请舍弃它。如果信息不匹配外界对你的已有认知，请避开它。

最后，永远不能忽略显而易见的信息。显而易见的概念往往最有力，因为对市场而言，这些概念也是显而易见的。

⊖ 20 世纪 90 年代，MCI 通讯公司推出"亲友计划"的折扣计划，并获得成功。面对挑战，AT&T 推出"真正的"美国折扣计划，并推出一系列服务，包括"真正的奖赏""真正的选择"等。——译者注

其实，大多数精彩的概念在事后看来都十分明显。

当听到别人提出一个很棒的概念、一个可靠的战略时，你应该会想："为什么我们早没想到呢？这太明显不过了。"

作家兼创造思维专家爱德华·德·博诺说，这类似于登山，当你登上山顶向下看时，才能发现上山的最佳路径。

一些概念在事后看起来是那么明显，但对正在登山的人来说并非如此。

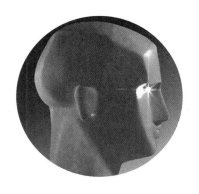

第 4 章

心智缺乏安全感

THE
NEW
POSITIONING

如果亚里士多德是个广告人，他会干得十分差劲。这是因为仅凭逻辑很难保证打动顾客。

心智往往是感性的，而不是理性的。

人们为什么会买这些东西？人们在市场中为什么会有这些行为？心理学家罗伯特·赛托（Robert Settle）和帕梅拉·艾尔莱克（Pamela Alreck）在合著的《购买动机》（*Why They Buy*）一书里称，消费者要么不知道他们的购买动机，要么不愿意说出来。

当你询问人们为什么购买某商品时，你得到的答复通常不太准确，或者不太有用。

可能他们知道原因，但不愿意说出来。

而更多时候，人们确实不清楚自己的购买动机是什么。

甚至当人们在回忆时，由于心智缺乏安全感，他们总是记起那些早已不存在的事物。一个知名品牌即使广告量下滑，它的品牌认知度仍能长时间维持较高水平。

20世纪80年代中期，有人对搅拌机做了一次品牌知名度调查，要求消费者列出记忆中所有搅拌机的品牌名。结果，通用电气排在第二位，可实际上通用电气的搅拌机在20年前就停产了。

跟风消费

根据我们的经验，人们不知道自己想要什么。（所以为什么还问他们？）

在更多情况下，人们购买他们认为自己应该拥有的东西，某种程度上就像跟着羊群走的羊。

大家真的需要一辆四轮驱动汽车吗？（不需要。）如果需要，为什么四轮驱动车直到最近几年才流行？（因为它以前不时髦。）$^{\ominus}$

这种跟风行为产生的主要原因是人们缺乏安全感，许多科学家在广泛研究这个课题。

5 种感知风险

造成心智缺乏安全感的因素有很多，其中一个是感知风险，比如人从购物这种基础行为中所感知的风险。

行为学家称，感知风险有 5 种表现形式：

- 金钱风险（要是买了它，我可能会浪费钱）；

- 功能风险（它可能用不了，或者起不到它应有的作用）；

- 身体风险（它看起来有些危险，可能会伤害到我）；

- 社会风险（要是我买了它，朋友们会怎么看）；

- 心理风险（要是买了它，我会心生内疚，觉得自己不负责任）。

情感因素

美国哥伦比亚大学教授约翰·奥肖内西（John O'Shaughnessy）

$\ominus$ 本书写于 1995 年，当时四轮驱动车演化出 SUV，它因空间大、更实用而广受欢迎，四轮驱动车也因此占据了世界汽车市场的重要一席。——译者注

写过一本论述购买动机的书，其中一章的标题是"情感研究的重要意义"。

他在这一章中写道：

> 情感可以刺激人的行为，引起人的注意力，引导选择，并强化其他动机。这样，因展现自己财力所产生的自豪感，可以强化人们想变得时髦的社会动机。

欧内斯特·迪希特博士（Dr. Ernest Dichter）是动机研究之父，他也阐述了感性行为和理性行为：

> 我们的很多行为都是由追求安全和追求变化而引起的矛盾所激发的，这个矛盾也称为不安全感。
>
> 人们默认理性动机比感性动机更加符合道义，更易被接受。理论心理学经常拿认知行为与感性行为或情绪化行为做比较。我认为这些分类是错误的，是毫不相干的。

比如，你可能认为大型工业公司里的工程师会理性地接受信息。但是，若要工程师描述一种合金，他们会用各种象征性或比喻性的表达——两种金属手牵手，不同热度的液体在大缸里成婚，等等（他们也会用化学或机械词汇来解释合金）。

随大流

人们为什么会随大流？美国说服术与影响力研究专家罗伯

特·恰尔迪尼（Robert Cialdini）对此曾写过一篇颇有意思的文章，他认为"社会证明原则"是影响人们行为的利器：

> 根据这条原则，我们找出别人认为是对的东西，以此判断什么是对的。这个原则尤其适用于判断什么是正确行为。我们判断在特定环境下的某一种行为是否恰当，往往依赖于是否看到别人在这么做。
>
> 一个常见现象是，人们倾向于把他人的行为视作正确做法。一般来说，随大流能减少犯错概率。如果许多人都这么做，通常这就是正确做法。
>
> 社会证明原则有利有弊。和其他影响行为的利器一样，它为人们决定行为方式提供了一条捷径。但与此同时，走这条捷径的人容易受到埋伏在道路旁边的奸商的攻击。

证言

人们在犹豫不决时，经常会观察他人的行为来指导自己的行为。

正因如此，"证言"成了广告从业者所知的最古老的营销方法之一。

这个方法击中了人们因虚荣、嫉妒和害怕落后等多种心理因素而产生的心智不安全感。

斯坦利·里索（Stanley Resor）曾是智威汤逊广告公司（J. Walter Thompson）总裁。他把这种心理称作"效仿意识"，他说："我们希望效仿那些在品位、知识或经验上优于自己的人。"

很久以前，欧洲歌剧明星就证实了"好彩香烟"（Lucky Strikes）对他们唱歌有好处（当然，现在他们已经唱其他歌了。）

罗马尼亚王后将其美貌归功于旁氏（Pond's）冷霜，她在《女人之家》（Ladies' Home Journal）杂志上的广告吸引了 9400 份优惠券回复⊖（但这未超过一个外国人的纪录——蕾金纳得·范德比尔夫人（Mrs. Reginald Vanderbilt）的广告曾吸引 10 300 份优惠券回复）。

1927 年的一则广告说："10 个电影明星里有 9 个用力士香皂保养肌肤。"

"乐队花车"效应

另一个应对缺乏安全感的心智的有效方法就是创造"乐队花车"效应⊜。

起初，乐队花车是游行中用来搭载乐师的精美彩车。今天它意味着吸引越来越多的人跟风的某个事业或风潮。

民意调查和专家小组给出的权威数据可以创造乐队花车效应。

⊖ 商家会将优惠券打印在杂志上，消费者需要购买，将信息填入表格寄回即可预订购买。——译者注
⊜ 乐队花车效应，也称为"从众效应"。——译者注

本田雅阁轿车："《汽车与司机》(*Car & Driver*)杂志连续 8 年评选十佳汽车,只有这一款汽车年年上榜。"

泰诺牌止痛药："医院使用泰诺的频率是使用布洛芬类药物总和的 18 倍,泰诺是医院最常用的止痛药。"

佳洁士牙膏："据调查,5 位牙医中有 4 位推荐使用佳洁士。"

佳能复印机："商业复印机首选佳能。佳能连续 7 年装机量第一。"

使用"发展速度最快"或"销量最大"等表达是另一种对付缺乏安全感的心智的乐队花车战略。这是在告诉消费者,其他人都认为我们的产品好。

品牌传统

营销人员经常用展示品牌的传统和文化的方式,把顾客赶上乐队花车(毕竟,顾客对传统无可非议)。

早在 1919 年,斯坦威(Steinway)钢琴在广告中称它是"不朽的乐器"。

最近,高仕(Cross)钢笔宣称其产品是"始于 1846 年的完美经典"。

格兰威特牌苏格兰威士忌(Glenlivet Scotch)将自己定位于"苏格兰威士忌的始祖。根据 1823 年法案,苏格兰高地开始酿造单一麦芽威士忌，皇家政府将该法案下首个制造许可证颁给了格兰威特"。

可口可乐利用它发明可乐的历史事实，宣传自己是"正宗货"（the real thing）。这是可口可乐最强大的战略。"永远喝可口可乐"（Always Coke）的口号忽视了品牌传统，且仅表达了一个美好愿望（事实上，有一半时间人们在喝百事可乐）。

绝对牌伏特加 vs. 红牌伏特加

如今，高端伏特加市场的竞争变得十分有意思。

米歇尔·卢（Michel Roux）是卡里永进口公司（Carillon Importers）的 CEO，他运用有强烈视觉效果的广告，把绝对牌伏特加（Absolut）打造成行业领导品牌。

有一天，当米歇尔睡觉醒来时，发现噩梦变成现实：绝对牌伏特加的经销权被卖给了施格兰公司（Seagram）。

但米歇尔没有被吓倒，他开始经营绝对伏特加的竞争对手——红牌伏特加（Stolichnaya）。很明显，他的目的不是发怒，而是报仇。

就这样，它们开战了。红牌会对绝对牌造成冲击，带来"绝对伤痛"吗？现在结论还未定。

走错一招

米歇尔的第一步是采用曾使绝对牌伏特加出名的战略——使用

具有强烈视觉效果的广告，它包含俄罗斯艺术元素，同时还传递"伏特加自由"的观念。

如果你认同心智缺乏安全感，那么告诉顾客他们有其他选择就毫无作用，因为人们确实不知道该如何挑选伏特加。毕竟，我们正在讨论的是法律要求必须无色无味的伏特加。

那些俄罗斯绘画当然不会产生什么效果。到目前为止，这看上去像是一场"绝对牌伏特加的胜利"。

诉诸"传统"

红牌伏特加应采取的唯一战略，是诉诸品牌传统。

他们应该利用一个鲜为人知的事实：绝对牌伏特加的生产商来自瑞典。

他们应该把绝对牌重新定位在它的故乡——瑞典，并利用自己俄罗斯血统的优势。红牌伏特加应当打出这样的广告标语：

绝对牌瑞典伏特加 vs. 绝对俄罗牌伏特加

瑞典伏特加听上去就没有俄罗斯伏特加好。众所周知，俄罗斯伏特加才是正宗的。

现在，缺乏安全感的心智才有了购买红牌伏特加的真正理由。

米歇尔，你在看本书吗？

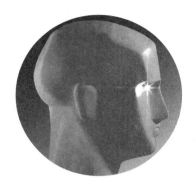

第 5 章

心智难以改变

试图改变心智是徒劳的，这个教训人们早在多年前就知道了。

我们曾经努力把西联电报公司（Western Union）更新为 20 世纪的认知[⊖]。

我们尝试了所有广告方案，从"卫星发送"到"先进通信服务"，但是毫无效果。

经过几年的努力，西联电报公司留给消费者的印象仍然是一家过时的电报公司，和以往一样深刻。我们最后给出了建议，把公司名称改为西星（Westar），而西联的名字只出现在电报和电汇业务中。其他方法都不管用。

尽管我们的建议很好，但没有被采纳。

改变心智的惨痛代价

从那之后，我们看到许多公司都试图改变顾客心智，大把的钱付之东流。

施乐公司耗费巨资，企图让消费者相信，除了复印机，施乐公司的其他产品也物有所值。

但没人会买施乐牌计算机。

大众汽车试图让消费者相信它的车并不都像"甲壳虫"汽车那样只是一种小型、可靠、经济的轿车，结果这使大众汽车丧失了 60% 的市场份额。

大众汽车的大型、高速汽车无人问津。

⊖ 西联电报公司创立于 1851 年，进入 20 世纪，需要更新认知。——译者注

可口可乐企图让消费者相信，它有比"正宗货"更好的可乐，结果公司的声誉和利润都损失惨重。

没有人买它的"新可口可乐"。

产品一旦在消费者心智中建立了认知，它将无法被改变。

大多数人都认为日本的电子产品是最好的。

调查人员曾把三洋电器的商标贴在一个美国无线电公司（RCA）的电器上，然后让900人把这个电器同带有RCA商标的同一产品进行比较，结果76%的人都说带三洋商标的电器产品体验更好。

约翰·肯尼斯·尔布雷斯（John Kenneth Galbraith）曾说："若要在改变人的心智和证明没必要改变心智之间二选一，几乎所有人都选后者。"

心智难以改变

在市场营销领域，人们普遍认为新产品的广告能比老品牌的广告更能引起人们的兴趣。

可实际结果是，比起新产品，我们对早就知道的（或买过的）产品印象更深。

一家叫麦考勒姆·斯皮尔曼（McCollum Spielman）的机构曾花23年的时间对22 000条电视广告进行调研，其中近6000条广告是关于新产品的，覆盖了10个品类。

他们发现，在新老品牌的较量中，10个品类里只有1个（宠物产品）具有更强的说服力，并能改变消费态度，即所谓的"新产品兴奋"。

其他 9 个品类，包括药品、饮料和个人卫生用品，没有明显区别，没有引起消费者的兴奋感，人们无法区别新品牌与老品牌。

这次调查涉及几百个品牌的几千条电视广告，所以基本上可以确定"创意"对广告说服力没什么影响。只有我们早已熟悉的、感到亲切的广告才起作用。

试图改变态度

麻省理工学院前教授迈克尔·汉莫（Michael Hammer）现在是咨询顾问，他在《再造革命》（*The Reengineering Revolution*）一书中把人们抵触改变的天性称为"再造过程中最复杂、最烦人、最痛苦和最混乱的部分"。

理查德·佩蒂（Richard Petty）和约翰·卡乔波（John Cacioppo）的著作《态度与说服》（*Attitudes & Persuasion*）里有些观点能更好地帮助我们理解这种抵触心理，他们用一定的篇幅阐述了"信念系统"。下面就是他们对心智为什么难以改变的论述：

> 在信息理论学家看来，信念系统的属性和结构非常重要，因为信念被认为能为态度提供认知基础。为了改变一种态度，需要先修正那种态度所基于的信息。因此，通常有必要改变一个人的信念，即去除旧信念，或者引入新信念。

你打算在短短 30 秒的广告内做到这一切吗？

心理学家的观点

《社会心理学手册》（*The Handbook of Social Psychology*）一书强调了改变人们的态度有多么困难：

> 任何企图改变态度的方案都会遇到巨大的挑战。改变人的基本信念非常困难，即使运用了如心理疗法之类的复杂而密集的手法也是如此。这一点不难理解，因为对于改变某些态度有效的手法，对于改变其他态度却毫无作用。

更糟糕的是，即使搬出"真相"也无济于事。请看下面的观点：

> 人们在很多问题上持有自己的态度，问题覆盖范围之广令人惊讶。人们似乎知道自己喜欢什么（特别是讨厌什么），甚至对他们知之甚少的事情也是如此，比如土耳其人，或者与他们日常生活毫不相关的事，比如外太空生命。

所以，套用一个电视连续剧的情节[⊖]，如果你的任务是去改变人们的心智，请不要接受这项任务。

⊖ 指 1968 ~ 1973 年美国 CBS 电视台播出的电视连续剧《不可能的任务》，后被改编成电影《碟中谍》。——译者注

重拾旧概念

有趣的是，许多营销人员正在把心智难以改变的特点转化为自己的优势。他们认为，既然改变心智是困难的，那么重拾旧概念就

……夕法尼亚医学中心的新发现不谋而合。那里的神经……的记忆形式位于大脑的一个部位，也许你从未听说……回）。

……为"语义记忆"——关于词语和符号意义的记……以区分狗和猫的不同。关于速效阿卡塞泽消食……r）和美泰格公司（Maytag）孤独的修理工广

……程度的调查，可以印证这一观点。调查……的家庭主妇说出她们知道的所有品牌……洲。《市场营销研究期刊》（*Journal of M*……一共有 4900 个品牌名被提到（金钱……超过 85% 的品牌已拥有 25 年或更长的

也……的营销人员"调头"重拾旧概念和旧信……重拾仍属于你的概念是一种营销策略。

一位研……的营销活动中诉求产品的

传统几乎是零风险策略："这种策略向人们展示了产品的历史和经久不衰，让人觉得产品有根基，此外还有一种集体的文化归属感，使消费者和公司绑定在一起。"

一位品牌形象顾问说道："这种策略打破了混乱的局面。许多消费者已经熟悉了品牌的形象和老广告，所以公司不用费劲地在消费者心智中建立地位，而消费者也不需要经历那么多心理步骤。"

一位研究员说，一条持续 30 年的营销策略，强化了品牌的可靠性，为产品添上光环。它似乎在说："我们经历过时间的涤荡，站得住脚。"

J. B. 威廉公司（J. B. Williams Co.，拥有百利（Brylcreem）发乳、Aqua Velva 须后水和 Lectric 牌剃须刀等品牌）的总裁说："这是一种特许权，即使对之置之不理，也摧毁不了它。"

几个"重拾"案例

所有的旧概念变成了新玩法。以下是营销领域几个怀旧的案例：

- 肯德基的广告重现哈兰德·桑德斯上校（Col. Harland Sanders）（上校本人已于 1980 年去世，所以黑白画面里的是个演员）。
- 天美时手表（Timex）曾试图让消费者相信它的手表非常时髦，却以失败告终。于是天美时回到了顾客已牢记的广告语：“经久耐用，无坚不摧”（It takes a licking, and keeps on ticking）。

■ 金汤宝公司曾试图让消费者相信“汤是很好的食物”，然而消费者觉得“汤就是汤而已”。现在，金汤宝公司回到了它们的经典广告“嗯！好喝！”（Mmm Mmm! Good!）。

■ 福特汽车为其新款野马汽车（Mustang）的广告片加入了 1965 年野马广告的片段。今天，老野马成为经典之作，销量比过去还好。

■ Shake'N Bake 食品公司请回了 20 世纪 60 年代广告里的小女孩（她说：“我帮忙了”（And I helped.））。公司的营销总监说这条广告令人眼前一亮。

■ 百利发乳重现了它们的经典广告语：“轻轻一涂就行了”（A little dab'll do ya）。公司总裁唐拉·罗莎（Don La Rosa）说，公司正努力用好过去几十年广告积累的品牌资产。

■ 福斯特·格兰特眼镜公司（Foster Grant）启用当红明星来重现它的广告词“戴福斯特·格兰特眼镜的那人是谁”（Who's behind those Foster Grants）（拉夫·劳伦公司请注意，福斯特真是咄咄逼人啊）。

保时捷回归

重拾旧概念的方法不仅适用于广告，还适用于产品本身。

最近，保时捷从死亡边缘被拉了回来。1986 年，保时捷在美国销售了 30 000 辆车，而到了 1993 年，销量下滑到 3700 辆，亏损惨重。

我们认为，保时捷的问题在于它偏离了保时捷在顾客心智中的认知——911 卡雷拉跑车（后置发动机、风冷、六缸轿车）。

它企图让消费者相信，保时捷不仅仅有 911 跑车，还有 968（前置发动机、水冷、四缸）和 928（中置引擎、水冷、八缸）。

那保时捷成了什么呢？保时捷成了一种发动机前置或后置、风冷或水冷、四缸、六缸或八缸、经济或豪华的汽车（保时捷品牌丧失了焦点，详见第 6 章）。

后来它是怎么做的？它调头重回了自己的旧形象，推出了更实惠的升级版 911 卡雷拉跑车。

现在，保时捷在美国的销量增长了 50%，不用说，这归功于911 卡雷拉跑车。

同样的策略也适用于大众汽车。如果它重新推出新设计的甲壳虫轿车，会获得极大的成功，因为在消费者心智中，大众就是那台小型、可靠的经济型轿车。

是的，相信我，你可以回归了，因为心智难以改变。

第 6 章
心智会丧失焦点

THE
NEW
POSITIONING

随着时间的积累，许多大品牌都能在消费者心智中留下清晰的印象。心智就像照相机，清楚地记录下受人们喜爱的品牌的印象。

当安海斯－布希公司（Anheuser-Busch）骄傲地宣布："这是敬你的百威"时，消费者清楚地知道他们喝的是哪一种酒。

"美乐高品质生活"啤酒（Miller High Life）和康胜啤酒（Coors Beer）常规老品也是如此。

但是，在过去 10 年中，百威推出了 15 款新品，美乐和康胜则分别推出了 14 款和 11 款新品。

于是，市面上充斥着常规啤酒、淡啤、生啤、扎啤、冷啤、干啤和冰啤等各种啤酒。

现在，"这是敬你的百威"的说法只会引发疑问："你指的是哪款百威啤酒？"

百威在心智中原本清晰的认知已非常模糊。难怪这个"啤酒之王"开始流失粉丝。

品牌延伸的陷阱

实际上，心智丧失焦点是品牌延伸的结果。这一点在营销界最具争议性。

我们在 1972 年发表于《广告时代》（*Advertising Age*）的文章中警告过企业，不要陷入我们称为"品牌延伸的陷阱"中。

在《定位》一书里我们花了两章的篇幅阐述了品牌延伸的问题。

《22 条商规》指出，品牌延伸是企业最常犯的错误。

各品牌并未因我们的反对而放慢品牌延伸的步伐，相反，这种"扩展品牌资产"的做法风行一时，可口可乐这样的公司也在大谈"超级大品牌"的概念。

多年来，我们成为品牌延伸的唯一反对者，甚至连《消费者营销杂志》（*Journal of Consumer Marketing*）也注意到："里斯和特劳特孤军奋战，批判品牌延伸的做法。"（我们的心智难以改变。）

直到最近，《哈佛商业评论》做出判定："盲目进行品牌延伸会削弱品牌形象，扰乱商业关系，掩盖成本增加。"各位，请继续反对。

视角不同

对这一问题的不同看法，从根本上来说是视角不同导致的。企业从经济的角度看待它们的品牌。为了优化成本和获得行业合作者的接受，它们乐意将一个原本高度聚焦、代表某一产品或概念的品牌，变成涣散、代表两三个甚至更多产品或概念的品牌。

我们从心智的角度看待品牌延伸问题。品牌承载越多不同的产品，心智越容易对它丧失焦点。渐渐地，像雪佛兰这样的延伸品牌就变得毫无意义了。

适高纸巾（Scott）是卫生纸的领导品牌，它将品牌延伸，增加了适高提斯（Scotties）、适高金斯（Scottkins）和适高纸巾（Scotttowels）等品牌。很快，"适高"消失在人们的购买清单中（你要是写下"适高"两字，它无法代表任何一个产品）。

小心：高度聚焦的专家品牌

如果没有魅力（Charmin）超柔软卫生纸的出现，适高的日子可能还好过一点（品牌越涣散，越容易受到攻击）。魅力牌卫生纸没多久就成为卫生纸第一品牌。

近年的商业史印证了我们的看法。

宝洁公司的克洛斯克（Crisco）曾经很多年都是酥油产品的领导品牌。后来，人们开始用植物油。当然，宝洁公司就推出了克洛斯克牌植物油。

那么谁在植物油大战中获胜了？当然是威森牌（Wesson）。

随着时间推移，玉米油开始流行。威森当然就紧跟潮流，推出威森牌玉米油。

在玉米油的混战中，谁又获得了胜利？没错，就是万岁牌（Mozola）。

无胆固醇玉米油的成功又催生了无胆固醇人造黄油的流行。所以，万岁牌又推出万岁牌玉米油人造黄油。

那么谁又是玉米油人造黄油的赢家？当然是弗莱施曼牌（Flei-schmann）。

在每个案例中，专家品牌或高度聚焦的竞争者总是赢家。

令人意外的调研结果

有70%的新上市产品延用原品牌名，你会好奇这些品牌延伸做法的效果是否有数据支持。

事实正好相反。

《消费者营销杂志》提到，尼尔森公司对英美 5 个市场做了一次大型调查，对象是 115 个新上市的产品。它对比了两组产品在上市两年后的市场份额，一组产品使用了母品牌名，另一组使用了新品牌名。调研结果是品牌延伸产品的市场表现大大差于新品牌产品。

令人意外的数据

几组数据可以支持这一观点。1979 年，美乐高品质生活啤酒和美乐淡啤合计销售了 3500 万桶，而百威常规啤酒销售了 3000 万桶。

到 1990 年，美乐在产品线中增加了精制纯生啤酒。美乐的 3 个品牌合计卖了 3200 万桶，下降了 300 万桶。而与此同时，百威常规啤酒的销量涨到 5000 万桶。

你会觉得美乐销量下滑的事实会让安海斯 – 布希公司意识到品牌延伸的危害，然而并没有。百威也跟着美乐一样，增加其他产品（淡啤、干啤、冰啤等）。

结果是，百威的销量从 5000 万桶下滑到 4300 万桶。品牌的产品越多，心智越失去焦点，销售量就越少。

在另一项调查里，有人比较了 84 种新上市的非耐用消费品的存活率（6 年后），没有发现品牌延伸的产品与新品牌产品的存活率存在明显区别。

这些证据表明，品牌延伸并未给新品上市提供优势。若是考虑到品牌延伸还有内在缺陷，就更令人不安了。

"波及效应" 问题

关于品牌延伸的危害，还有一点鲜被提及。

持续品牌延伸，将使更多产品容易受到负面公关的影响。品牌某个产品的负面公关会波及使用同一品牌名称的其他产品。

高露洁棕榄（Colgate-Palmolive）把母公司的名字用于旗下几乎所有的产品，它在澳大利亚卷入一场与氰化物污染有关的勒索案被广泛曝光后，其所有产品都受到负面影响。

专家品牌的武器

我们接下来解释，专家品牌为何会给心智留下深刻印象。

首先，专家品牌会聚焦于一个产品、一种价值和一个信息点。这种聚焦可以使营销人员打造一个有穿透力的信息点，使其快速进入顾客心智。比如，达美乐比萨就专注于外卖，而必胜客的广告信息就不得不兼顾外卖与堂食。

金霸王电池（Duracell）聚焦于耐用的碱性电池，而永备牌电池（Eveready）不得不强调自己适用于手电筒、耐用、可充电以及碱性电池（后来永备牌变聪明了，推出劲量牌碱性电池，这是个好策略）。

嘉实多润滑油（Castrol）专注于为高性能小型引擎提供润滑

油，而鹏斯（Pennzoil）和奎克牌（Quaker State）的润滑油适用于所有引擎。

专家品牌的另一个武器，就是它们会被消费者看作"专家"或业内最佳。克雷公司（Cray）生产的超级计算机是最好的，费城牌（Philadelphia）的奶油干酪是最好的（原味的那款，可以这么说）。

最后，专家品牌可以成为品类的代名词。施乐公司就成为复印机的代名词（"请把文件施乐一下"）。

联邦快递成为隔夜送达的代名词（"我会将它联邦快递给你"）。

3M 旗下的思高牌胶带（Scotch）成为透明胶带的代名词（"我会把它思高在一起"）。

尽管律师讨厌让品牌名成为品类代名词，但这个做法是商战里的终极武器。但是只有专家品牌才能做到这一点，通才品牌不可能成为品类代名词。

不会有人说，"给我一瓶通用电气牌的啤酒"。

李维斯的教训

李维斯是传奇性的牛仔裤制造商，没有人比它更清楚品牌延伸和丧失焦点所带来的问题了。

20 世纪 70 年代和 80 年代早期，它十分鲁莽地进行了"扩展品牌资产"的尝试。

公司当然仍旧生产牛仔裤产品。但它察觉到休闲服装的趋势，便推出了李维斯牌休闲服（Levi's Casuals）和斜纹棉布裤（Levi's

Chinos）。另外，它又推出了李维斯牌鞋履。

为了进军服装市场，李维斯又推出李维斯牌潘特拉运动服装（Levi's Pantela Sportswear）、李维斯牌定制经典装（Levi's Tailored Classics）和李维斯牌运动休闲裤与西装（Levi's Action Slacks and Suits）。

李维斯的产品太多了，造成一片混乱。而关于李维斯品牌的牛仔、耐穿和工装的认知，阻碍了想要购买休闲服装的顾客选择它。

启用新品牌

最终，李维斯男装事业部的一群人让企业重新回到"核心竞争力"上。牛仔事业部聚焦于一直最擅长的牛仔服装，而男装事业部启用新品牌"多克斯"（Dockers）。

多克斯的目标人群为婴儿潮时代出生的人，他们穿李维斯牛仔裤长大，年龄在 25 ～ 45 岁。多克斯品牌的空间大一些，形象更高端，而且是一个非牛仔的品牌名，这些都使它销售看好。销售情况确实不错，多克斯成为销售过十亿美元的品牌。

现在，李维斯已成为年销售额数十亿美元的全球化企业，而多克斯成为美国市场销量第一的裤装品牌（事实上，多克斯品牌如此成功，以至于公司将品牌打入了瑞典、德国和其他欧洲市场）。

20 世纪 50 年代，这家公司每年仅销售几百条牛仔裤给加利福尼亚州淘金热的矿工，而现在的成绩真是非常亮眼。

你也许会说，真正的金子并没有埋在山里，而在牛仔裤里。

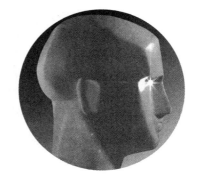

应对变化

为了生存，也为了避免我们所说的"未来的冲击"，每个人都必须比以往任何时候都要极具适应性和能力。

——阿尔文·托夫勒，《未来的冲击》
（*Future Shock*）作者

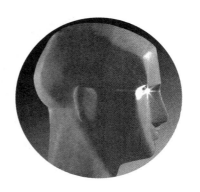

第 7 章
重新定位：定位之所在

这是检验商业人士头脑的时刻。

阿尔文·托夫勒曾写过一本著名的书叫《未来的冲击》，该书的主旨是不断加速的变化会给人们带来冲击性的影响。

时间证明他的预言是非常准确的，但是他没有提到加速的变化对企业的影响，这种影响也具有破坏性。

美国一些最大、最成功的企业都曾面临变化的挑战，甚至被变化打败。通用汽车、IBM、西尔斯·罗巴克公司（Sears Roebuck）、西屋电气公司（Westinghouse）、数字设备公司（Digital Equipment）、王安电脑公司（Wang）以及柯达公司等不胜枚举。

看不到变化

忽视市场的企业很快会遭到报应。现如今，失去市场地位的危险非常大。以下是 4 个主要原因：

- 科学技术日新月异的变化；
- 消费者态度发生的迅速且不可预料的转变；
- 全球经济竞争的加剧；
- 美国公司内部想法多样的高管之间的斗争加剧（他们擅长这种竞争手法）。

这个时代，更需要"重新定位"，而非"定位"（1994 年，"重新定位"一词在美国商业出版物上出现了 5155 次）。

通用汽车的悲伤史

我们来看一下通用汽车的困境。1921 年，小阿尔弗雷德 P. 斯隆就任后发现，通用旗下 7 个汽车品牌都在中档市场竞争。这些车的平均售价在 1200 美元左右。他非常明智地放弃了其中两个品牌，把剩下的品牌重新定位在不同的价格区间：

雪佛兰·····························450 ～ 600 美元

旁蒂克（Pontiac）·················600 ～ 900 美元

奥兹莫比尔（Oldsmobile）·······900 ～ 1200 美元

别克·····························1200 ～ 1700 美元

凯迪拉克·························1700 ～ 2500 美元

这一策略获得了巨大的成功。多年以后，这 5 个品牌将通用汽车的市场份额提高到近 50%。○

然而，通用汽车不能永远靠斯隆来支撑。他去世后，那些会计师接管了公司。没有了斯隆掌舵，那 5 个品牌又重新涌向了中档市场。每个品牌都丧失了各自的焦点或定位。

它们几乎全部回到了 1921 年前的模式。如今它们的市场价格如下：

土星（Saturn）·················9995 ～ 12 895 美元

雪佛兰·························7295 ～ 67 543 美元

○ 指美国市场。——译者注

> 旁蒂克 ·························· 9904 ～ 26 479 美元
>
> 奥兹莫比尔 ·················· 13 510 ～ 31 370 美元
>
> 别克 ·························· 13 734 ～ 31 864 美元
>
> 凯迪拉克 ···················· 32 990 ～ 45 330 美元

除了土星和凯迪拉克，其他品牌都回到了中档价位，企图迎合每位消费者的喜好。

除了它们的售价相似之外，通用汽车还让它们外形看起来都一样（一个节约成本的好主意）。难怪，通用汽车近 10 年来丧失了 11% 的市场份额。这也难免会引起董事会强烈的不满，撤掉了最高管理层。

通用汽车下一步该怎么做？它应该对所有品牌重新定位（斯隆先生在哪儿呢？通用汽车需要你）。

当本书要出版时，出现了一位新的营销能手——罗恩·扎勒拉（Ron Zarrella），他任职通用汽车后，开始重新考虑品牌问题。鉴于他将面对公司内部的政治斗争，他最好能随时保持警惕。

回归根本

在几乎所有的商业出版物上，你都能找到某某公司"回归根本"的字样。西尔斯公司出售了好事达保险公司（Allstate Insurance Company）和西尔斯塔（Sears Tower），剥离了所有金融服务子公司，并且关闭了目录购物业务，结果 1994 年的零售额比

1993 年增加了 30%。

施乐公司曾一度定位为普通纸复印机。后来它进军计算机业务，却遭受到了毁灭性的打击。如今，施乐公司重新定位为"文档公司"。

米德公司（Mead Corporation）放弃已经很成功的 Lexis/Nexis 业务[⊖]，把公司定位重新回归到纸类产品。

桂格燕麦公司（Quaker Oats）、通用磨坊公司（General Mills）和宝洁公司把精力都放到各自的核心品牌上。万宝路（Marlboro）牌香烟又回归到真正的万宝路世界（终于意识到真正的牛仔不会抽薄荷醇或中醇香烟）。

柯达公司也重新定位于胶片，卖掉了大量的非影像业务。

许多这样的公司所面临的问题，不在于它们的计划书，而是潜在消费者的心智。消费者希望公司能成为狭窄领域的专家，特别是在一家公司已经开拓出自己的独特市场，并且消费者对其品牌有认知的情况下。出于同样的原因，当一家公司扩大其业务领域时，消费者就会产生怀疑。

通常消费者的怀疑是有道理的，因为拓展领域的产品很少能像最初领域的产品一样好，其原因是最初领域的产品经过多年打磨已经非常完美了。产品延伸不仅浪费了金钱，还使原有产品的市场占有率下滑。幸运的是，施乐公司有充足的财政和管理资源允许它纠正错误。它以巨大的代价回归根本，重新定位为普通纸复印机，并且成功赢回了市场份额。

⊖ Lexis/Nexis 提供法律和期刊文章的电子查询服务。——译者注

避免代价高昂的错误

没有理由让任何一家公司都为品牌延伸付出如此高昂的代价。它们应该充分了解市场，拥有重新定位的勇气，以免使公司的产品、形象和收益遭受巨大损失。

定位就是聚焦于一个概念，甚至是一个词，而这个概念或词就是企业在消费者心智中的定义。拥有很强的品牌认知会给企业带来巨大的优势。将一个成功的概念推销给一大群人，和将同一品牌下的 50 个产品或服务概念推销给 50 个不同的群体，二者相比前者更有效。

我们来看一下两家日本汽车制造商经历的尝试和磨难。由于丧失了焦点且实行了注定失败的乔五十铃广告运动，五十铃汽车公司（Isuzu）在 1992 年亏损超过 4 亿美元。后来，它鼓足勇气重新定位。现在它不仅盈利丰厚，而且产品供不应求（请见本书第 16 章）。

斯巴鲁汽车公司（Subaru）的做法恰恰相反。被"跟风"思维影响，它将焦点从皮实的四轮驱动汽车移开，开发了新的汽车生产线。它在广告中称"汽车就是汽车"。斯巴鲁汽车公司从那以后就陷入了痛苦的挣扎。

为了避免犯下类似的错误，企业必须经常调研它们的顾客，向顾客提问，让顾客描绘公司产品或者服务在他们脑中的概念。如果顾客的答案同企业想输出的概念不同，那么企业就会遇到麻烦。

当消费者被问到对沃尔沃汽车的印象时，他们的回答是"安全"。这是沃尔沃汽车在消费者心智中拥有的认知。沃尔沃汽车第一个提供了侧面气囊这个新的安全特性,这加强了消费者对它"安全"的认知。然而,消费者很难在头脑中定义雪佛兰汽车的特征。

关注小公司,不要盲目跟进

企业要随时关注技术和产品的创新。预测未来市场最佳的方法就是观察小公司。如果 IBM 在 20 世纪 80 年代早期就注意到像苹果公司和 Tandy 这样的企业,它就应该明白个人计算机很快就会占据计算机市场的大量份额。

不要让企业管理人员走在不聚焦的方向上。在通常情况下,总是最有创造力的人喜欢盲目改进,思考新产品或是对现有产品进行一些改变。但是,除非这些新想法与消费者的认知及企业的成功之道保持一致,否则肯定会使企业失去焦点和在消费者心智中的定位。沃尔沃汽车可以很容易地生产出跑车,但那样会马上让它失去"安全"这个焦点。

当市场变化时

当消费者的态度发生变化,或者技术已经超过现有产品,或者产品已经偏离了消费者心智中长期以来对它们的认知时,企业必须进行重新定位。

以美国人对红肉⊖态度的改变为例。1986 年，牛肉的消费为每人 74 磅，但是到 1990 年下降到每人 64 磅。

同一时期，鸡肉消费从每人 44 磅上升到 49 磅。

猪肉生产商注意到了美国人态度的变化，于是把猪肉重新定位为"另一种白肉"（如果打不赢对方，就加入他们）。

如今的计算机市场已经从"专有"软件转向"开放"软件。以专有软件闻名的 IBM 必须重新定位，以迎合消费者态度的转变。可 IBM 恰恰没有这么做，它推出了 OS/2 的"专有"软件来对抗微软公司 Windows 的"开放"软件。

企业要做出这些决策是非常困难的，但是如果不在合适的时机做出正确的决策，企业未来将会蒙受巨大的损失。

在当今充满竞争的市场中，企业不仅要紧跟时代的步伐，还要对自己的竞争对手了如指掌。如果想让企业与时俱进，企业管理者必须鼓足勇气，做出像施乐公司、沃尔沃公司和莲花发展公司等企业所做的决策。否则，他们会自食其果。

后面章节中的案例能够帮助你更好理解重新定位的过程，以及如何进行重新定位。

⊖　牛肉、羊肉等。——译者注

第 8 章

为一家软件公司重新定位

随着市场的成熟和技术的革新，有时候企业需要寻找在未来更适合的新焦点。

中型公司改变焦点是市场营销中最棘手的战略之一，因为你必须保证准确的战略节奏。首先，你必须精心平衡企业的内部资源；然后弄清楚如何逐步减少对老业务的支持，同时把资源用于提升企业未来的业务；最后是实质性的工作，解决企业内部人士因为认为自己的未来发展受到威胁而制造的阻力。

在这方面，没有比莲花发展公司更好的案例了。这家公司开创了电子制表软件。

发展危机

高科技领域变化迅速。20 世纪 80 年代，电子制表软件行业出现了新一轮竞争，利润也开始收紧。宝兰公司（Borland）以优良的产品和非常激进的价格进入了这个战场。如果这还不够糟糕的话，微软公司带着一款名为"Windows"的操作系统加入这场战斗，这是一个重达 800 磅的软件巨无霸，而后微软公司围绕这个新的操作系统精心设计了 Excel 制表软件。

当尘埃落定时，Excel 成为 windows 系统中最受欢迎的电子制表软件，电子制表软件战场成了堑壕战。莲花发展公司啊，你是时候继续前进了，或如我们常说的，是时候转移战场了。

早期的努力

从电子制表软件转型，莲花发展公司做的第一步就是收购其他类型的软件，例如文字处理软件和图形处理软件。但是莲花发展公司面临两个问题：第一是已经有其他产品占据这些软件品类，第二是莲花发展公司对自己的品牌名字做了错误的假设。

莲花发展公司的管理层认为"莲花"是公司名，"1-2-3"是品牌名。基于这个假设，他们继续用以上命名方式给产品命名。

他们想向外界传递，莲花发展公司是一家拥有众多品牌（例如 Improv、Ami Pro、Freelance、Notes、Symphony 和 1-2-3） 的公司。

从莲花发展公司内部思考，这是很有道理的。但是真正的问题在于，这是否符合莲花发展公司在消费者心智中的认知。

需要一个出名的名字

实际上，在消费者心智中，莲花发展公司没有像 IBM 或微软公司那样是一个出名的公司名。

它真正拥有的是一个出名的品牌名——莲花 1-2-3。

其中的原因很简单，也很实际。在消费者的心智中，数字不能单独存在。人们用文字思考问题而不是用数字思考。"500SL""914"和"1-2-3"这些数字如果想在人们的心智中注册，就必须同一个名字连在一起。数字会让人联想到名字。例如，"奔驰 500SL""施乐 914"和"莲花 1-2-3"。

当然,你可以把数字当作产品的别名,但是这只有在名字和数字作为一个整体一同进入心智的情况下才能实现。

莲花发展公司并不是不鼓励把"莲花"和"电子制表"联系在一起,而是确实这么做了。

它的广告中仍强调"莲花电子制表软件系列",继续把"莲花"和"电子制表"关联在一起进入消费者心智。

然而,莲花发展公司如果想跳出"1-2-3"系列产品,就需要在广告底部写上一个不同的公司名。

我们建议用它的真名——莲花发展公司。这个名字听上去就让人印象深刻,同时也暗示着,莲花发展公司除了电子制表软件外,也开发其他类型的产品。

需要一个新概念

当上述策略成为可能,那么莲花发展公司应该聚焦于哪个强有力的概念呢?更好的软件吗?

通过访问莲花发展公司在剑桥的办公室,我们搜集了一些资料。在翻阅这些资料时,我们发现了一篇很有意思的刊载于《商业周刊》的文章。文章中谈到软件变化的过程以及计算机网络是如何扮演越来越重要的角色。从中受到启发,像莲花发展公司这样的企业应该多研发新产品。

这篇文章认为未来属于个人计算机网络,并将这称为新一轮战场。而莲花发展公司的 Notes 软件据称在这一领域中处于领先位置。

文章中还提到了一个词，我们认为这个词可以作为莲花发展公司的下一个"电子制表软件"。

这个词或者概念叫作"群组软件"。这是对应用于计算机网络（计算机群组）的软件的自然描述。

我们认为莲花发展公司可以抢占这个概念，就像它抢占"电子制表软件"概念一样。莲花发展公司有这方面的资格。它的 Notes 软件被《商业周刊》评为第一个成功的群组软件。鉴于它的技术领先地位，莲花发展公司有机会抢占"群组软件"这一概念。

有些读者对 Notes 软件不是很熟悉，下面我们做一个概述。这款产品花费了 15 年的时间来研发，它的主要特征是可以"复制"任何输入网络的信息。举例说明，如果一个文件在某一终端被更改，那么在所有终端上都会被更改。相信我，这不是一件容易的事情。你可以去问问微软公司，它已经花费了多年时间试图复制这个功能。

关联已有认知

在重新定位的过程中，如果能通过关联人们心智中的已有认知来传达你想表达的信息，那将获得很好的效果（可以说是进入心智的捷径）。

既然在人们的心智中，"电子制表软件"代表了莲花发展公司，那我们就把它作为重新定位的起点。重新定位的信息必须简单、直接地传递给顾客和目标顾客，具体内容如下：

> 莲花发展公司，
>
> 先是电子制表软件，
>
> 如今是群组软件。

用词朴实，实话实说。

好戏开始

群组软件确实成了莲花发展公司的焦点所在。公司首席执行官吉姆·曼兹（Jim Manzi）开始构建并支持 Notes 群组软件业务的工作。

1990 年，Notes 软件的用户只有 70 个。1991 年为 400 个，1992 年为 1400 个，1993 年为 3200 个。到 1994 年，已经有 5000 个机构在使用 Notes 软件。

现在有近 700 万台计算机在使用群组软件，以增强企业的一致性。

令人吃惊的是，在一个机构中安装 Notes 软件所需的时间在迅速缩短。1991 年，需要 19 个月左右。到了 1994 年，安装时间缩短到不到 3 个月。

为了加速发展，莲花发展公司与 8000 个合作伙伴签约，这些合作伙伴正在全世界范围内为企业安装和调试 Notes 软件。

但是不要被这些数字迷惑了你的双眼，让你觉得这项工作非常简单。

内部斗争

莲花发展公司实现今天的定位，很大一部分要归功于它的首席执行官吉姆·曼兹所付出的巨大努力。

当被问到为改变焦点做出的努力时，他总结那是一个残酷的过程。以下是他的原话：

> 电子制表软件曾是莲花发展公司的核心业务。它一度占整个公司营业额的 70%，可以说是我们的支柱性业务，然而微软公司和 Windows 却使我们的未来困难重重。
>
> 20 世纪 90 年代早期，我认为 Notes 是我们未来最好的发展方向。不幸的是，公司里不是所有人都这样认为。许多人只是想继续优化电子制表软件。在那段艰难的时期，12 位副总离开了公司。他们没有看到我所看到的未来。
>
> 所有的这些情况加上对这个产品的持续投入，引起了我们董事会的注意。想要让他们认同 Notes 是公司的未来，需要不停地给他们讲故事，让他们看到 Notes 的前景，还要建立公司内部和外部的关系。一旦董事会看不到未来，那么问题就麻烦了。
>
> 幸运的是，Notes 的销量不断上升，公司对这项近 5 亿美元的投资也越来越有信心。

我可从来没说重新定位是一件简单或者低成本的事。但正如《财富》杂志报道的那样："莲花发展公司主导了群组软件行业。

它的产品'莲花 Notes'在计算机网络领域广泛使用，就像当年'莲花 1-2-3'在计算机中广泛使用一样。"

看起来吉姆·曼兹的愿景即将实现。在本书出版之际，IBM 同意支付莲花发展公司 35 亿美元。这个"蓝色巨人"一定认为群组软件是一个巨大的成功。

小　结

　　莲花发展公司的故事清晰地表明，CEO 需要在重新定位的过程中全身心投入。只有 CEO 能保证愿景的完整，只有 CEO 能解决组织内部的矛盾，也只有 CEO 能在成果还没有显现之前防止董事会破坏战略。

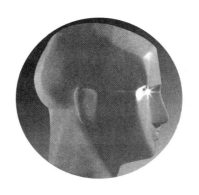

第 9 章
为一家冰淇淋公司重新定位

THE
NEW
POSITIONING

时间在飞逝，竞争也在无情地加剧。但没有哪家公司比一家名为卡维尔（Carvel）的冰淇淋公司受到的冲击更大。首先，我们先讲讲这家公司的历史。

1936 年，一位名叫汤姆·卡维尔的制冷专家首创了软冰淇淋。首创当然很重要，但关键是在恰当的时机利用好"首创"这个身份。你必须在竞争加剧之前将生意扩张到全国范围。

事实证明，这种产品更好的名称应该是新鲜冰淇淋（就像新鲜橙汁、新鲜火腿等）。

即便在 60 年后的今天，人们仍然感到困惑。许多人认为软冰淇淋是一种不同的冰淇淋，而不是未经冷冻的新鲜冰淇淋。

竞争者进入

1994 年，冰雪皇后公司（Dairy Queen）登上历史舞台，软冰淇淋行业的竞争就此拉开序幕。竞争并不是坏事，一个、两个或三个竞争者的加入通常会提升品类的可信度，有助于扩大市场，而不是伤害开创者的利益。毕竟要想成为一个领导者，就必须要有追随者。

20 世纪 50 年代，行业竞争越来越激烈，例如泰斯特冷冻公司（Tastee Freeze）和富豪雪糕公司（Mister Softee）也加入竞争。软冰淇淋的战争进入白热化。四个竞争对手让形势比两个或三个竞争对手时严峻得多。卡维尔公司是时候做些应对措施来巩固其市场地位了。

汤姆·卡维尔在 20 世纪 50 年代做出了一个非常明智的决策——推行加盟制度。这是一个扩张的好方法。其实他在 10 年前或更早的时候就应该这样做，那时候竞争还很少。

第一轮竞争结束，冰雪皇后公司成为美国软冰淇淋行业的第一品牌。卡维尔公司的领导地位被取而代之。

这也许让汤姆很伤心，但他并没有因此气馁。

转向冰淇淋蛋糕

卡维尔公司开始进行产品线扩展，除了软冰淇淋，还生产硬冰淇淋、冰淇淋蛋糕、花式冰淇淋和酸奶冰淇淋。不幸的是，这些新产品并没有起到大作用，因为所有冰淇淋品类都涌入了新的竞争。例如，哈根达斯主打高级冰淇淋、芭斯罗缤公司（Baskin-Robbins）主打口味多样的冰淇淋、Ben & Jerry 主打冰淇淋配料以及 TCBY公司（The Country's Best Yogurt）主打酸奶冰淇淋。

除了竞争问题，一个更大的问题开始威胁卡维尔公司。

失去焦点

随着加盟商开始各行其是，卡维尔连锁失去了焦点，其中一家门店宣称自己是"冰淇淋超市"。企图迎合所有人永远都不是一个好策略。如今的市场营销战争的胜利属于那些聚焦于某一品类的专家品牌。

　　显然，卡维尔公司需要重新定位。卡维尔公司是否应该像其他冰淇淋公司一样，回归到软冰淇淋产品？我们在探讨这个问题时发现，回归到软冰淇淋已经不可能了。

　　原因在于酸奶冰淇淋的出现，使得软冰淇淋的概念失去了吸引力。越来越多的人认为，酸奶冰淇淋是软冰淇淋的替代品，诱人且热量低。

　　没有什么比TCBY公司和其他一些公司的成功更能说明这一点了。

大家都推出酸奶冰淇淋

　　甚至连高级冰淇淋的长期领导者哈根达斯也增加了酸奶冰淇淋产品。有些店40%的业务都是酸奶冰淇淋。

　　大家都在追逐酸奶冰淇淋这个风尚。

　　芭斯罗缤公司把品牌名从"芭斯罗缤冰淇淋"改成"芭斯罗缤冰淇淋和酸奶冰淇淋"。与此同时，卡维尔冰淇淋店也在大力宣传它的酸奶冰淇淋"Lo-Yo"。

　　酸奶冰淇淋正在逐渐取代软冰淇淋，就像艾德维尔（Advil）逐渐取代泰诺（Tylenol）一样。⊖

　　正如我们所见，酸奶冰淇淋是卡维尔公司不能回归软冰淇淋的主要原因。卡维尔公司需要一个重新定位战略，此战略必须建立在一个有发展前景的概念上。

　　⊖　Advil和Tylenol是解热镇痛药。——译者注

卡维尔公司在顾客心智中代表什么

我们梳理了它们的调研报告，以了解卡维尔公司在顾客心智中代表什么。

许多被调研者说卡维尔公司让他们想起童年，勾起了他们很多儿时的回忆。另外，卡维尔公司是一家历史悠久的企业。

不幸的是，所有这些怀旧之情只能让卡维尔公司显得"过时"了。

除此之外，卡维尔冰淇淋还使人们产生了"软和新鲜"的认知。被调研者说，卡维尔冰淇淋店里有一台软冰淇淋机，你可以看到员工现场制作冰淇淋，店里的冰淇淋每天都是新鲜的。

但正如我们所说，在酸奶冰淇淋时代，聚焦于"软冰淇淋"是很难成功的。

卡维尔冰淇淋还使人们产生的另外一个认知就是"物超所值"。一些被调研者说卡维尔的价格是最低的，它物超所值，并且还提供很多优惠券。

物超所值当然是一个很好的认知，特别是在经济萧条时期。塔可钟也因此成为今天最大的连锁经营店。

但是，仅仅物超所值还不够。比如塔可钟，它还被认为是墨西哥菜的领导品牌。

新定位的出现

卡维尔公司还被认为是"冰淇淋蛋糕和花式冰淇淋"。被调研者对卡维尔公司生产多种花式冰淇淋供人选择这一点给予了很高的评价。除此之外，被调研者还提到卡维尔公司每天提供新鲜的冰淇淋蛋糕，还能把冰淇淋和各种各样的酸奶冰淇淋打包带回家。

上述方向是一个可能的焦点，特别是当我们看到了另一份竞争研究报告。

当人们被问到哪家公司每天提供新鲜的冰淇淋蛋糕时，卡维尔公司被提到的次数远远领先于竞争对手：64%的人提到卡维尔公司，40%的人提到芭斯罗缤公司，31%的人提到哈根达斯，还有31%的人提到TCBY公司。

基于以上研究结果，我们给出了重新定位的建议：卡维尔公司应该把焦点从"软冰淇淋"转移到"冰淇淋蛋糕"。其概念是："卡维尔，冰淇淋蛋糕店"。

有趣的是，这个主意并不是我们想出来的，而是卡维尔公司的营销总监西尔·索诺夫斯基（Syl Sosnowski）向我们提出的建议。我们立刻就喜欢上了这个建议。我们认为把焦点放在"冰淇淋蛋糕"上是借势公众的已有认知，为卡维尔品牌提供了一个强有力的定位概念。然而这个建议也带来了一些坏消息和一些好消息。

坏消息是，实施"冰淇淋蛋糕"战略需要对卡维尔公司的众多店铺进行大规模的改造。卡维尔店面需要看上去更像蛋糕店，而不是冰淇淋店。

好消息是，重新改造店面为"蛋糕"焦点，有助于消除卡维尔公司"过时"的认知。卡维尔公司在建立更加强有力的、进化的、新的认知的过程中，就会消除一些负面认知。

重新定位的另外一个好处是，冰淇淋蛋糕的定位会比软冰淇淋的定位更让公众觉得卡维尔公司"物超所值"。一个软冰淇淋甜筒并不贵，但蛋糕的价格则截然不同，价格的影响很大。

冰淇淋蛋糕店开业

卡维尔公司迅速在美国东海岸实施了重新定位战略。卡维尔公司的旧标识牌不见了，取而代之的是新的"冰淇淋蛋糕店"字样。但是仅把店名替换掉，不能保证重新定位战略能够实施成功。

首先是销量问题。所有重新定位后的卡维尔门店能够对卖冰淇淋蛋糕和花式冰淇淋满意吗？它们能有足够的销量以支付卡维尔用于打开冰淇淋蛋糕市场的广告费吗？

好像不能。

那么，卡维尔公司是否可以多开一些冰淇淋蛋糕店呢？卡维尔冰淇淋蛋糕店当然还没有开到每个社区。在这个竞争激烈的世界中，人们看不到你就意味着会把你遗忘。

这也不是十分可行的方法，因为专业冰淇淋店正处于衰落中。如今一半以上的冰淇淋销售额都转移到超市中去了。

进入超市

这一趋势使卡维尔公司开始像英特曼（Entenmann's）那样的大型烘焙店一样思考问题。

它在超市里竖起了五彩缤纷的"冰淇淋蛋糕店"的牌子，并开始提供大量冰淇淋蛋糕和花式冰淇淋品种供顾客选择。如今，卡维尔公司已经在 1500 家超市里开设了冰淇淋蛋糕店，成为冰淇淋蛋糕批发商。

这证明了很重要的一点，重新定位后总是要重新思考公司的运营。在通常情况下，旧的运营不再有效。你必须主动对公司做出改变，以更好地适应公司的新定位。

一个未解决的大问题

卡维尔公司的调研表明，就顾客对卡维尔产品的认知而言，最突出的是特殊场合吃的蛋糕。他们认为冰淇淋蛋糕只适用于生日和母亲节。

由于这样的场合一年只有一次，冰淇淋蛋糕不会在超市十分畅销。这意味着卡维尔蛋糕必须重新定位为日常蛋糕，和英特曼那样的蛋糕店竞争。到目前为止，我还没看到针对日常蛋糕人群的有效策略。

这也提出了重新定位的另一方面。在通常情况下，占领一个新的位置意味着面对新的敌人。过去是软冰淇淋和硬冰淇淋之间的较量。重新定位为"冰淇淋蛋糕店"后，变成了冰淇淋蛋糕和普通蛋糕之间的较量。

我们的建议是认真研究一下日常普通蛋糕和卡维尔冰淇淋蛋糕的详细差异。

比如，有一点看起来很令人震惊，一块普通蛋糕含有更多的卡路里、脂肪和钠。相比之下，卡维尔冰淇淋蛋糕除了含有更少的以上不利于健康的成分，还含有更多的钙、维生素 A 和维生素 B。

少一些不利于健康的成分，多一些有益于健康的成分，家长肯定愿意给孩子买这样的蛋糕。

无论选择何种战略，卡维尔公司在与新竞争对手的较量中表现如何，将在很大程度上决定重新定位后的卡维尔公司的未来。

———————— 小 结 ————————

当市场改变时，应该选择的新方向很多时候是显而易见的。但是它没有被看见，因为它常常只被视为你公司业务的一部分而已。而实际上，它是你未来的发展方向。与其寻找新的方向，不如从你熟视无睹的地方开始。对于卡维尔公司来说，答案显而易见：让他们吃冰淇淋蛋糕！

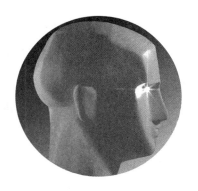

第 10 章

为一家会计师事务所重新定位

即便是稳健、保守的会计师事务所也未能幸免于外界变化。

多年来，会计师事务所中的"八大"[⊖]安安静静地干活并赚取报酬。据说它们都属于一个古板的男士俱乐部，在那里竞争是被禁止的。

直到有一天，美国不再是世界经济的中心。欧洲大陆和亚洲成为全球经济的重要力量。

一夜之间，所有"八大"的客户面临日益激烈的竞争，这迫使它们必须提升竞争力，降低收费。这意味着，服务客户的行业也需要做出改变，而之前这些行业并没有主动预测变化的习惯。

第一例"大合并"

面对上述局势，美国毕马威会计师事务所总裁拉里·霍纳（Larry Horner）认为，公司现在需要的是建立一个国际性服务网络，以服务于新的世界商业格局。

因此他花了 6 年时间，乘飞机穿梭于世界各地。最终，他成功组建了毕马威（KPMG）网络，如今[⊖]在 134 个国家的 837 个城市拥有 1100 个办公室。

由于常年奔波，他感到疲惫不堪，同时也吃腻了飞机上的食物，于是把公司指挥棒交给了乔恩·马东纳（Jon Madonna），而后

⊖ 20 世纪 80 年代末期，美国八大会计师事务所是安达信（Arthur Andersen）、亚瑟·杨（Arthur Young）、德洛伊特·哈斯金斯·塞尔斯（Deloitte Haskins & Sells）、恩斯特·惠尼（Ernst & Whinney）、毕马威（Peat Marwick Mitchell）、普华（Price Waterhouse）、塔奇·罗斯（Touche Ross）和永道（Coopers & Lybrand）。——译者注

⊖ 指本书写作时的 20 世纪 90 年代。——译者注

者的任务就是想办法让这个网络运转起来。

正如乔恩说的："我知道我们不能坐在电话机旁等待生意上门，我们必须开发一些新服务，并确立新定位，以带领我们进入新纪元。"

乔恩需要的是为公司重新定位。

在心智中代表什么

我们在开始这个项目的时候，不难发现毕马威在目标客户的认知中存在的问题。

"六大"是问题所在。毕马威会计师事务所的营销问题在于，它同其他五家会计师事务所被混在一起（在其中几家合并之前曾是"八大"）。

更糟糕的是，行业调研表明毕马威并不处于领先位置。在目标客户对"六大"的评分中，你会发现毕马威处于我们所说的"尴尬的中部"（这个评分出自鲍曼报告（The Bowman Report），它是一份针对企业财务官的时事通信杂志）。

安达信 ················· 7.2

普华 ················· 6.9

安永 ················· 6.5

毕马威 ················· 6.4

永道 ················· 6.4

德勤 ················· 6.2

虽然"六大"成立之初都是在同一水平线上，但现在看来其中几家已经领先于另外几家。如果在会计领域有领导者的话，那就是安达信了，因为它被认为是美国最大的会计师事务所。

除了安达信，只有普华在人们的心智中占有一个定位。它被财务官认为是"蓝筹股"事务所，因为它为美国最大的几家公司提供服务。当然，公众知道它更多是在奥斯卡颁奖晚会上，对投票情况进行审计。（"请打开信封……"）

为了扭转低知名度和低评分的处境，其他几家会计师事务所开始发布大规模的广告。

例如，永道曾在"超级碗"（SuperBowl）⊖上花费数百万美元投放广告，主题是"不仅知道，而且知道如何"。"知道"和"知道如何"之间的区别大吗？基本没区别。

德勤的广告主题是"我们倾听，我们交付"，这听上去像达美乐比萨的宣传语。

所有这些都只是口号而已，不是差异化的定位概念。

一个不同的视角

我们决定从另一个角度看待竞争形势。我们称之为"转移战场"，让毕马威转移到具有优势的标准上。

在客户心智中，毕马威紧随安达信和普华，处于行业第三位。

我们从其他行业找来类似于毕马威营销局面的案例，以此说明

⊖ 美国职业橄榄球大联盟年度冠军赛。——译者注

转移战场的战略是如何发挥作用的。

这个案例是航空运输行业，该行业已经被联邦快递和联合包裹两家美国本土公司所主导。

后来敦豪速递公司（DHL）加入竞争行列。它并没有声称自己比联邦快递和联合包裹优秀。它们对外宣传的是："我们是全球航空运输服务专家，而我们的竞争对手不是。"

毕马威的形势和敦豪速递公司一模一样。毕马威也许不是美国本土市场的领导者，却是全球最大的会计师事务所。你也许会大吃一惊吧。我们也大吃一惊，因为我们在其提供的材料中发现了一份清单，上面列着 1992 年"六大"会计师事务所在全球范围内的营业额：

毕马威 ·····················62 亿美元

安永 ·························57 亿美元

安达信 ·····················56 亿美元

永道 ·························53 亿美元

德勤 ·························48 亿美元

普华 ·························38 亿美元

全球领导者

实际上，毕马威一直认为其在全球化业务上是很有实力的，只是没有说出来。

事实上，在毕马威的"资质声明"中，他们一直把地球作为标识。他们对外发行的企业内部刊物就叫作《世界》。

因此，毕马威显而易见的重新定位战略就是从"六大"中脱身，定位为"全球领导者"。

毕马威的领导地位体现在两方面：在全球规模和全球化服务上都处于领先地位。

有意思的是，全球领导者的定位同时还解决了另一个认知问题：为什么毕马威不是美国国内的领导者呢？（"为什么安达信在美国国内做得更大？因为毕马威的业务更加全球化。"）

此外，这个定位还为目标客户从选择一家美国会计师事务所转向一家全球化会计师事务所提供了简明而有说服力的理由（全球化服务经验）。

这个理由是一个强有力的武器，因为商业本身正变得越来越全球化。

以出口为例，1983 年 1 月 18 日的《华尔街日报》头版头条写道：许多美国公司预期出口保持强劲，尽管有人说会大幅下滑。具体内容是：

> 对于美国来说，出口比以往任何时候都更重要。在过去的 6 年里，商品出口翻了一番，1982 年接近 4500 亿美元，1983 年占美国工业总产值的 20% 左右。

我们希望毕马威可以好好利用经济全球化的趋势，并打出以下广告：

如果你的业务是全球化的，

你就需要一家全球化的会计师事务所。

新服务项目

这一战略需要毕马威向正在实现业务全球化的公司提供新的服务项目。例如，标杆分析（benchmarking）、私有化（privatization）、国际税务（international taxes）、ISO 9000 认证和转让定价（transfer pricing）。

只宣布公司的新定位是远远不够的，你必须推出新产品和新服务来坐实这一定位。

当你对外声称你的公司是行业领导者时，人们就会潜意识地想"证明给我看"。全球营业额清单无疑是一种证明。但如果在此之后，毕马威能够推出一系列新的、有吸引力的全球化服务项目，不仅能强化认知，而且能让"全球领导者"这一定位概念更有力。

推销给 6000 个合伙人

对一家合伙制企业进行重新定位是非常困难的，因为有很多合伙人认为他们拥有投票权。

认识到这个情况后，乔恩做了一系列的巡回演讲，在世界各地介绍他的想法。如他所见，内部宣传比外部宣传困难得多。乔恩说："我面临的最大挑战是改变这些合伙人的思维模式，毕竟他们在过去的二三十年时间里做着同样的事情。"

公司施行了一个公关项目，其重点就是把乔恩定位为全球化商业问题的发言人。新闻媒体、商业媒体以及会计行业媒体都对他进行了专题报道和采访。

关于这个新项目的一系列内部备忘录被定期发送给合伙人和企业员工。

公司的视频新闻季刊《洞察》，专门讲述公司员工是如何为全球领导者这一定位做出榜样示范的。公司针对全体员工的月报也刊登了许多故事，以支持重新定位战略。

公司也开发了沟通工具，为员工提供"全球领导者"定位所需的信息，其中包括一份问答，帮助员工回应客户可能提出的各种问题。

1993年秋季，毕马威在美国举行了公司年会，其主题就是"全球领导者"。他们围绕主题进行了一系列演讲，包括全球化经济对商业的影响（罗伯特·赖克（Robert Reich））以及全球化经济对政府的影响（弗农·乔丹（Vernon Jordan））。此外，还有由一些美国和国际合伙人进行的关于国际化思维的小组讨论。徽章上都印上了会议主题。奥兰多万豪世界中心酒店（Marriot World Center）也到处挂满了写着其全球领导者地位"支持点"的横幅。

全球商业杂志

最后，公司还发行了一份名为《世界商业》的全球商业杂志。

它的目标读者是企业和学院中最资深的五位管理人员，以及政府高级官员（市、州、联邦和国际）。

它的目标是将这份杂志作为一种关系营销的工具，提升公司在商业咨询服务领域的全球领导者地位。它是唯一一份内容只专注于全球商业的出版物（没有战争、饥荒和政治内容），它的读者群体也独具特色：世界各地的企业和机构的超过 15 万名非常资深的管理人员。它还在毕马威内部发行，以及通过直邮发行 2 万份左右，现在总发行量可达 20 万份。公司希望这个数字在 1995 年能接近 30 万份。

---- 小 结 ----

有些时候，你在进行外部营销之前，不得不先花费大量的精力进行内部营销。合伙制公司虽然独具特色，但任何一家正在重新定位的公司，都应该制定一个针对内部的重大营销规划，让公司内的每个人都朝着同一方向前进。毕马威的案例，执行得非常好，值得借鉴。

第 11 章
为政治候选人重新定位

所有政治活动都是管理认知、摆姿态和定位。

政治幕僚都正在成为定位方面的专家。他们必须这样做，否则无法生存。政治活动总是伴随着无穷尽的民意调查，没有任何一项商业活动像它一样耗费如此多的金钱和时间用于占据人们的心智。

所有这一切在 20 世纪 80 年代后期开始加剧。实际上，1988年老布什和杜卡基斯的总统竞选可能是第一次由候选人的广告宣传力度决定的竞选战役，但可以确定的是，这绝对不是最后一次。

《纽约时报》的专栏作家安东尼·刘易斯曾说道："布什先生在胜选演讲中感谢了很多人，却没有感谢他的竞选广告顾问罗杰·艾尔斯，这样做也未免太吝啬了吧。"

未来，总统竞选将成为一场故事脚本之战，这也将成为一场负面广告之战。例如，1988 年布什竞选时采用的"波士顿港口"（Boston Harbor）和"威利霍顿"（Willy Horton）广告$^{\ominus}$，以及 1964年林登·约翰逊（Lyndon Johnson）的反对戈德华特（Goldwater）的"高明"广告（年轻读者可能不知道，这则广告把戈德华特先生重新定位为一个有可能将全世界炸掉的好战的冷战斗士），注定要在政治史上流传下去。

为你的竞争对手重新定位

1988 年对美国康涅狄格州参议员洛厄尔·维克（Lowell

$\ominus$　这两则广告，前者指波士顿港口的水污染问题，后者指杀人犯威利霍顿在假释期间再次犯罪，都重新定位了布什的竞选对手杜卡基斯不称职。——译者注

Weicker）来说也是困难的一年。他努力寻求第 4 次连任。他的民主党对手是康涅狄格州司法部部长乔·利伯曼（Joe Lieberman）。大多数政治专家认为对于乔·利伯曼来说，这是一场毫无胜算的艰苦战斗。后来事态的发展不仅令人吃惊，更称得上重新定位的经典案例。

在洛克尔·维克的参议员生涯中，他被认为是政治独立派，因为他的观点和行为都非常特立独行。他总是敢于挑战最高权威，不顾个人后果。他在水门事件听证会上挑战尼克松政府。他还挑战里根总统的政策，甚至还对抗过杰西·赫尔姆斯（Jesse Helms）。

在 1976 ～ 1988 年的每一场竞选中，他的竞选口号都是"不听从于任何人，一切为你"，这个口号把他定位为政治独立派。他喜欢战斗（他身高 2 米，难怪如此好战）。

1988 年春天，乔·利伯曼加入竞选行列。面对极其不利的形势，利伯曼精明地策划了一场广告宣传运动，将维克重新定位为一个脱离康涅狄格州主流人群的独立派，说他自私地利用自己的办公室做一些对他人无益而对自己有利的事情。

利伯曼举例指出维克在偏远的地方获取酬金，却对华盛顿的重要政务置之不理。他还指出，维克所做的一些重要的事务看起来跟康涅狄格州没什么关系，比如跟古巴的外交关系。

利伯曼巧妙地利用了"不听从于任何人，一切为你"的竞选口号，将维克重新定位成一个自私利己、自我吹嘘的人，是一个"不听从于任何人，一切为了维克"的人。简单来说，利伯曼攻击了维克在选民认知中"特立独行"的软肋，利用它印证维克在政治上傲慢和疏远的姿态。

维克最终以微小的劣势败选（两人相差 1 万票）。

为自己重新定位

维克的政治生涯并没有因为此次竞选失败而结束。1990 年 3 月，在汤姆·达莫尔（Tom D'Amore）和"定位专家"彼得·金（Peter Gold）的帮助下，维克参加了康涅狄格州州长的竞选。在这场历史性的竞选中，维克利用他数十年来在选民心智中特立独行的定位，成功地把自己从共和党人重新定位为无党派人士。

维克通过"康涅狄格党"这一新政党的形象，加上对那些顽固政党政治的言辞攻击，成功为自己重新定位。最终，维克竞选成功，成为康涅狄格州历史上第一位无党派州长。这在过去 136 年里从未发生过。

1992 年，布什没能为自己重新定位。在选民的态度发生转变时，他不愿改变。美国需要变革，打破当下僵局，美国人民对经济形势非常不满。

而克林顿将自己定位为能够做出变革的新一代领导人。

为布什重新定位

布什先生应该如何为自己重新定位呢？还是从认知着手。

首先，他应该利用公众对他是"世界领导人"的正面认知，而外交政策恰恰也是克林顿先生的最大软肋（当阿肯色州州长并没有给他带来很多国际经验）。

然后，布什先生必须强调国际局势的重要性，并且指出它将如何对国内经济和就业产生影响。随着冷战的结束，全球经济成了新赛场。几乎每几个月就有新的国家成为工业强国（对国家来说，赢得市场比赢得战争更重要，不信的话就看看日本吧）。

因此，这就需要一个拥有丰富国际经验和与其他国家领导人有紧密个人关系的领导人帮助美国度过经济困境。

但这一切还不够。

推出新的、改进的总统治国方案

类比市场营销，把布什总统比作一家公司，那他必须改进自己的产品以引起人们的注意。他需要一个"创新与改进的"产品战略，预示着变革。

他理应用好他最有价值的资源——詹姆斯·贝克（James Baker），用于优化产品。换句话说，任命贝克为副总统（这就能解决当时的美国副总统奎尔（Quayle）不胜任的问题了）。

但这还不够，因为在公众认知中，副总统就是个空头衔，有名无实。

总统必须重新明确副总统的工作内容。他应该把副总统任命为国内政策的"首席运营官"。这是公众关注的问题，而贝克先生曾在里根政府担任幕僚长、财政部部长、国务卿，积累了丰富的经验，能够胜任重新规划国内政策的工作，以此提高美国在国际舞台上的竞争力（简单地说，就是使美国成为一个能创造更多就业机会的国家）。

当然，布什先生应继续在国内外事务上与贝克先生保持密切合作（公司 CEO 和 COO 总是合作无间）。

传递的信息是：两位经验丰富的世界领导人会更有利于应对动荡的国内外形势。你想要选哪位当总统？有真正经验的，还是可能搞成一团糟的？（这里将克林顿重新定位为"缺乏经验"。）

但布什并没有为自己重新定位，他付出了竞选失败的代价，没有看到外部变化。

错误地为自己重新定位

政客经常错误地为自己重新定位。通常出现的情况是说错话。

罗斯·佩罗（Ross Perot）就是因为说错话很快陷入政治麻烦之中。

当时，他曾喋喋不休地抨击华盛顿那些无能官员，因此他被定位为友好的"牛虻"⊖，这个听起来还不错。但当他试图将自己重新定位为总统候选人时，情况就截然不同了。

首先，他的竞选计划突遭变故。他决定从竞选中退出，原因是他听说有几个无耻的共和党人计划破坏他女儿的婚礼。

⊖ 形容讨人厌的人。——译者注

当美国民众听闻此事后，大多数人表示"为什么不打电话给婚宴承办人，把日期推后呢？这个家伙太偏执了吧"。人们开始怀疑他的竞选态度是否严肃、认真。尽管如此，当重新回到竞选中时，他还是获得了20%的选票。这得益于他的竞选广告还不错，同时他的宣传投入吸引了不少观众。

后来，他和阿尔–戈尔（Al Gore）就《北美自由贸易协定》（NAFTA）在电视上展开了辩论。众所周知，戈尔先生并不擅长辩论。戈尔是一个和善的人，但他的讲话总是让人昏昏欲睡。而在罗斯的衬托之下，他立马听上去像马里奥·科莫⊖。

整个过程所有美国民众都不得不听。罗斯没有把自己定位成一位严肃、认真的候选人，而成了一只永远的牛虻。

为克林顿先生重新定位

共和党在1994年国会选举中卷土重来，正如《华盛顿邮报》说的那样，克林顿先生必须拿出一份"重新定位计划"。

但这并不容易。

多年以来，共和党一直都被民主党人定位为富人和安于现状的少数派党。事实上，1992年的总统竞选强化了这一认知。有贵族传统的布什和令人厌倦的老共和党，被一个年轻、有干劲的南方州长击败，后者是以"改革"和"代表中产阶级"的形象参加总统竞选的。

⊖ 科莫当时就任纽约州州长，擅长演讲，言辞尖锐。——译者注

　　克林顿的问题出在哪里？他忘记了是谁或者什么使他成为总统。民众实际上非常看重他改革的承诺。当选民开始发觉他并没有实际行动，而是优柔寡断，疲于应付支离破碎的政党内部纷争时，开始提出抗议。

　　现在，纽特·金里奇（Newt Gingrich）站在了舞台中心。在1994 年的竞选中，他带领共和党赢得了众议院的多数席位，这是他们 40 年来首次掌权。

　　1994 年秋天，纽特与 300 多位国会候选人，宣布了一份大胆的政治承诺，叫作"与美国签订的契约"。这份契约提出，要在税收、缩减支出、重塑社会核心价值观等方面做出重大变革。

共和党已经被重新定位

　　民意调查时发生了一件有趣的事情。美国民众对待这件事情的态度非常认真、严肃。共和党成功地把自己重新定位成代表中产阶级和改革的政党（如果不是"革命"）。纽特和他的同僚至少暂时处于有利位置。

　　1994 年大选之后，在新一轮国会会议召开之际，纽特再一次证明了这句话"乘胜追击是赢得胜利的第二步，在许多情况下比第一步更为重要"（出自克劳塞维茨，战争哲学家，《商战》一书的英雄）。纽特乐于接受媒体采访的特点，帮助他的政党重新定位为关心整个美国。这位众议院新发言人紧扣主题努力沟通，让所有美国人都开始知道"与美国签订的契约"。

上述这一切都令人印象深刻（听说纽特先生热爱阅读，我想知道他是否读过《定位》）。

时间会证明一切，而他的当务之急是确保共和党能兑现承诺。如果他想名垂青史，就必须把自己从"高谈阔论的人"重新定位为"领导人"。

对政治顾问的几点观察

政治舞台上的很多政治顾问通常容易犯两个错误。第一，他们当中许多人一开始通常为一位国会候选人工作。在品尝到一次竞选胜利的甜头后（例如在田纳西州），便脱身而去，然后把这一套路用到所有其他的竞选活动中。

实际上，正是这些不加区分的既定套路，使政治家过度依赖于竞选活动中的攻击性广告，并导致许多政客面临信誉危机。竞选就像营销一样，赢得可乐战的原则同样要应用在竞选活动中。

此外，政治顾问总是花费大量的时间和金钱在调研与数据分析上。然而，大多数有效的竞选活动，都是以简单的概念为基础，而不是通过调研得来的。

如今许多总统在当选之后，仍然被民意调查者所误导。

这些总统做决策时，不是以自己认为做什么事情对国家最有利为原则，而是听从他们顾问的意见，顾问总是告诉他们怎样做最能赢得民意。

如果林肯只听从民意调查的结果，肯定不会成为美国历史上最

伟大的总统之一。他成为一位伟人，是因为他做出了不受欢迎的正
确决策。

小　结

　　调研提供的各种各样的表格和数据，经常使政治顾问
和营销人员得到错误的市场信号，或者至少使竞选活动的
信息过于复杂化。

　　认识到简单和一致性所具有的威力的竞选活动通常最
容易成功。

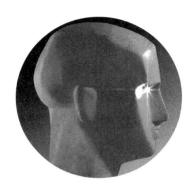

第 12 章
为一档电视节目重新定位

电视节目制作是一项很难的业务。例如你想到一个热门的节目创意，当你还没反应过来，你可能已经被做同类节目的竞争对手所包围。

看看那些电视短剧、脱口秀节目或是情景喜剧。很少有节目能够长时间地保持高收视率。

所有这些证明，电视节目也需要重新定位。我们以《今夜娱乐》（*Entertainment Tonight*）节目作为案例进行讨论（你们肯定知道，主持人是玛丽·哈特（Mary Hart）和约翰·泰斯（John Tesh)）。

从西海岸打来的电话

这一切从我接到一个来自西海岸的电话开始说起。给我打电话的是一位女士，名叫露西·萨尔哈尼（Lucie Salhany），派拉蒙电视公司（Paramount Television）的领导。她告诉我他们正面临收视率下降的困境，想请我帮忙扭转这一局面。我欣然接受（因为在电视台片场工作要远比在 IBM 会议室工作有趣得多）。

这个节目曾在 1984 年达到收视高峰。在那之后是连续 4 年的收视率下降。这也使得《今夜娱乐》节目陷入了困境，因为地方电视台开始拒绝在黄金时段播出这个节目。

观众的认知

我做的第一件事就是查阅他们对节目做的调研。

当定期收看节目的观众被问及看完《今夜娱乐》节目后是否感到失望时，调研显示85%的观众回答"很少"或"从不"感到失望。从以上调研数据看，节目很受欢迎并获得好评。

但接下来的一个问题："如果节目被取消，你是否会感到失望？"

这个问题的回答揭示了问题所在。71%的观众回答说，如果《今夜娱乐》不再播出，他们"不会很失望"或者是"有些失望"。其中一个原因可能是观众现在可以从许多其他渠道获得此类信息。

在《今夜娱乐》诞生7年之后，节目已经到了被许多观众认为熟视无睹的地步，甚至让人厌倦。这对电视节目来说可不是什么好消息。忠诚度是保证高收视率的驱动因素。

被竞争包围

我快速查看了一下电视节目单，就发现了问题所在。《今夜娱乐》被竞争者层层包围。在它曾经称霸的"娱乐新闻"领域，现在却有十几个或更多的竞争对手在争夺。

我们来举几个例子。例如《今天》（*The Today*）、《早安，美国》（*Good Morning, America*）等，特别是在非黄金时间段。就连地方新闻节目也开始涵盖娱乐和名人的报道，例如芭芭拉·沃尔特斯（Barbara Walters）的专题节目《富人和名人的生活方式》（*Lifestyles of the Rich and Famous*）。许多新型脱口秀节目开始分配大量时间给娱乐新闻，例如W集团（Group W）⊖的娱乐报道。除此

⊖ 西屋电气公司旗下的广播电视事业部。——译者注

之外，还有许多其他有线电视节目，例如 HBO[⊖]的《幕后》(*Behind the Scenes*)、CNN 的《好莱坞时刻》(*Hollywood Minute*) 和 USA Cable 的《好莱坞内幕》(*Hollywood Insider*)。

日益加剧的竞争，在降低节目收视率的同时，也削弱了观众的忠诚度。

随着市场的成熟，这种持续的压力会降临到所有公司身上。因此，我们必须自我攻击，不断推出新的、更好的产品概念。如果你不改变，就很容易成为别人攻击的目标。如果你不断移动和改进，竞争就永远打不到你。

需要一个改进的新节目

很显然，既然《今夜娱乐》无法摆脱竞争对手，就必须重新定位，从"新闻"转向其他概念。但新概念是什么呢？

费兹·华勒 (Fats Waller) 写过一句歌词，给出了答案："找出他们喜欢什么，以及他们是如何喜欢它的，然后就按照他们喜欢的做。"

有时候，你不必通过昂贵的调研报告来了解消费者喜欢什么。有一个很少人在用的"行业诀窍"，即可以通过研究销售相关产品的另一个品类的业务来了解消费者喜好。

显然，很多杂志也在做"娱乐新闻"，其中一个叫《人物》(*People*)。一项分析报告显示，这些杂志已经不像原来那样，它们已经改版为类似于《生活》(*Life*) 杂志的便宜版[⊜]。

⊖　全称 Home Box Office，一家有线电视网络媒体公司。——译者注
⊜　美国图画杂志内容以专题照片、特写为主。——译者注

只要扫一眼《人物》杂志的封面，我们很快就会发现，《人物》杂志降低了它的层次，写了更多"内幕"和八卦消息。

《人物》杂志通过向读者提供更多内幕曝光和传闻趣谈，4 年间发行量从 270 万增加到 330 万。发行量的增长证明了这些内容正是人们想要的。

在这方面，《人物》不是唯一一家。《人物》、《我们》(Us)、《星辰》(The Star) 以及《国家寻问者》(National Enquirer) 也在为美国人提供他们喜欢的内幕和八卦消息。这 4 种杂志的总发行量大幅提升，它们的每周读者总数达到 5600 万。

那些好奇心重的读者总是在想"谁在对谁做什么"。这就是《今夜娱乐》要开拓的市场（据我所知，美国人对这类消息的渴望是无止境的，他们永远不会嫌多）。

从"新闻"转向"内幕"

基于上述研究，我们建议《今夜娱乐》把焦点转移至"内幕"消息。"内幕"是人们喜欢的，那就满足他们。创造一个节目，让人们不忍错过。

另外，"内幕"不仅仅是八卦。如果你查字典，它的定义是："只有局内人知道的事情、内部消息、内部情况、幕后消息。"

但是为了让这个转型顺利进行，《今夜娱乐》必须通过重新命名节目模块和节目报道来强化"内幕"的感觉（例如"电影内幕""电视内幕""摇滚内幕"等）。

另外,《今夜娱乐》还需积极地推广节目"精彩预告"。随着节目焦点转移至"内幕",他们必须找到一种方法,让人们注意到节目的焦点转移。这就意味着如果想将新节目推广开来,他们必须在自己的电视台播放大量的节目"精彩预告"。推广越是绘声绘色,效果就会越好。

令人愉快的结局

《今夜娱乐》从"新闻"转向"内幕",结果出人意料得好。节目重新定位战略的成功实施,多半要归功于露西·萨尔哈尼。当她确定这是重新定位节目的正确方式后,就马上实施,并且确保其成功落地。她的角色至关重要(我们会在本书第 21 章中告诉你原因)。

这个重新定位故事有了美好结局。节目收视率停止下滑,重新攀升到早期的收视率高点。

就算在好莱坞也没有比这个更好的剧本了吧。

--- 小　结 ---

有时候你必须对产品进行改进,以摆脱竞争的压力。原地踏步、不做出改变是没有成果的。你必须推出"新的、改进的"产品,让你以更高层次越过竞争。但在《今夜娱乐》这个案例中,我认为它是通过"降低层次"的方法摆脱了竞争。

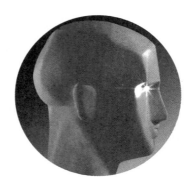

第 13 章
为一家石油公司重新定位

私有化已经成为全球经济中的一个流行词汇。从"国营"到"私营"也需要重新定位。

西班牙国家石油公司的私有化就是一个案例。在国营期间，它就是全国碳氢化合物协会。后来，一家名为睿烁（Repsol）的新公司成立。1989 年，睿烁的股票向公众出售。

当尘埃落定，这家新公司拥有了西班牙三个汽油品牌以及大约一半的加油站。三个汽油品牌分别是公司私营后推出的新品牌睿烁、国营时期的知名老品牌坎普萨（Campsa），以及西班牙北部的一个区域品牌波特诺（Petronor）。

这种情况就像是一家美国石油公司同时拥有美孚、德士古和阿科（如果你能侥幸做成这个交易的话，是很不错的）。

也许你会问："这样的情况会遇到什么营销问题？"我们接到的任务是："应该如何经营这些品牌？"

看起来新的公司正不加区分地对待这几个品牌，就好像在公司内部只有一个品牌，只不过对外设立了三个品牌。公司总裁奥斯卡·范朱尔（Oscar Fanjul）深深感到这些品牌应该有更好的方式进入市场。

多品牌战略

这里有一种更好的方法。

虽然只做一个品牌可以节省营销成本，但是经验表明，多品牌运作有助于占领更大的市场份额。例如，耐克和李维斯是两大单一品牌，分别拥有各自市场大约 30% 的市场份额。

另外，吉列公司拥有四个品牌，包括特瑞克（Trac Ⅱ）、阿特拉（Atra）、感应（Sensor）和好消息（Good News），市场占有率高达 65%。我们称之为"互补法"，因为这些品牌之间是互补的，而不是相互竞争的。

这就需要不同的品牌名、不同的定位，瞄准不同的目标客群。

睿烁已经拥有不同的品牌名，但仅此而已。它需要的是一个重新定位战略，为它的三个品牌针对不同细分市场制定不同的战略。我们梳理它的调研报告后，发现战略显而易见。

关注汽车的品牌

得益于新的睿烁品牌做过大量广告，大多数西班牙人对它在"创新和技术"方面给予了很高的评价。此外，睿烁品牌率先推出98 号汽油（当时即使在美国也没有这种产品）。由此，应该制定一种战略，聚焦在对汽车十分爱惜的人群上。由于汽车在西班牙非常昂贵，所以这个人群占比很高。

围绕这一战略应推出以下定位概念：

睿烁：你的汽车的最佳选择。

（Repsol：The best for your car.）

当然，要想落实这一概念，它必须把资源集中在与汽车相关的产品和促销上。除了 98 号汽油，我们建议它为现在的新引擎研制一种新型合成机油，起名为"Multi-valve"。

另外，它的加油站商店里也应该要考虑突出与汽车相关的产品。睿烁也要继续赞助赛车比赛。它的一切动作都应围绕汽车展开，特别是广告。

关注服务的品牌

认知调研表明，坎普萨这个老品牌有非常好的认知。在"可靠性"方面，它的得分比其他加油站品牌高得多（甚至比新品牌睿烁高出 50%）。

因此，我们建议坎普萨品牌应充分用好这些认知，强调其为西班牙司机提供了这么多年的服务。这个定位概念可以表达如下：

坎普萨：专注服务 60 年。

（Campsa: Sixty years of service.）

为了落实这一战略，就必须继续发行它非常受欢迎的《坎普萨驾驶指南》(包括地图、餐厅信息、旅馆信息等)。

在某些区域，坎普萨也开始在加油站内开设 7-Eleven 便利店。我们建议这一配称动作应该在所有加油站复制。同时，它应该推出能够想到的任何新服务，一个典型的例子就是美国许多加油站内的信用卡自助服务油泵。

我们发现坎普萨也在赞助一项赛车比赛。我们建议它停止赞助，把与赛车比赛相关的赞助留给睿烁品牌。

当然，坎普萨的广告可以向观众回顾 60 年间提供的服务，提醒人们坎普萨已经做了 60 年的优质服务。

有趣的是，取暖油业务也在坎普萨品牌下。公司正准备推出三小时紧急送油计划。还有什么比这更能突出它对"服务"的承诺呢?

关注价格的品牌

最后一个品牌是区域性的，并且没有很强的认知。实际上它在人们心智中就是白纸一张，可以按照人们想要的任何方式进行重新定位。

我们看到了波特诺未来作为价格品牌的可能性。这个定位概念可以这么表达：

波特诺：同样的钱跑更远的路。

（Petronor: More miles for your money.）

作为战略配称，这个品牌应该选择客流量大的地区开设加油站、只有自助加油泵、价格低一些、提供有限的服务以及只能用现金支付。

汽油价格在西班牙尚不是问题，但以后一旦爆发价格战，这个品牌就做好了准备。

多定位协同

这三个品牌于是有了三个不同的定位。睿烁：汽车，坎普萨：服务，波特诺：价格。

当然，这种互补的方式对三个品牌提出了不同的产品配称。

新的汽车技术产品应该只由睿烁品牌推出和进行广告推广。新的服务产品应该只能由坎普萨推出和进行广告推广。关于组织架构的设置，每个品牌都应该有自己的销售和市场部门，它们之间应该互相竞争。但支持性的功能可以不是品牌专属的。

研究和新产品开发的功能应该由集团总部负责。

公司应设立高管委员会，监督各品牌的差异化以及分配资源。这是整个战略实施过程中至关重要的一步。除非高级管理人员负责，否则多品牌战略经常会失去焦点，因为中层品牌经理往往会通过进入所有市场来寻求增长（通用汽车公司就曾面临过这样的问题）。

关于这一点将在第 21 章中详细介绍。在做重要战略决策时，高管必须参与。

--- 小 结 ---

有时候你必须在当下做出改变，这样才能为未来做好准备。

所有这些重新定位工作使睿烁得以更好地应对跨国石油公司进军西班牙市场的挑战。由于睿烁已经覆盖了三个主要细分市场，壳牌、美孚和英国石油公司将没有很大的机动空间。

我们预计，通过重新定位，这家西班牙的大石油公司会继续是西班牙的大石油公司。

03 第三部分

行业诀窍

对于那些需要我们先学习才能做的事情，我们通过实践来学习。

——亚里士多德

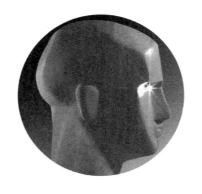

第 14 章

心智靠耳朵运转

有没有人问过你，视觉和听觉，究竟哪一个更有影响力呢？很可能并没有人问过，因为答案是显而易见的。我敢打赌，在你内心深处，你一定相信视觉要比听觉更有影响力。如果你喜欢的话，还可以称之为"视觉沙文主义"，这是很多营销人都有的一种偏见。

我还敢打赌你还听说过另一种说法，它来自基督诞生前 500 年，被认为是孔夫子说的。他说："一图值千言。"⊖

这五个字，请注意是字而不是图，已经存在 2500 年之久。从近期的情况来看，这句话都是永恒不变的。

又有哪位广告公司的总裁、创意总监或者艺术指导，在他的职业生涯中没有至少引用过一次孔子说的这句话呢？

定位教会我们什么

在分析了数百个成功的定位案例之后，我们发现一个意外的结论：

所有成功的项目都使用了文字描述。没有任何一个定位案例是仅靠图像就成功的。难道是孔子说错了吗？

以此，我们可以得出的结论是：心智靠耳朵运转，而不是眼睛。

一张图像也并不价值千言。

如果你只看杂志或者报纸上刊登的图画，你所能了解的信息是

⊖ A picture is worth a thousand words 是一句英文谚语，最早的类似使用出现在 1911 年的报纸中。在 1921 年的一则广告中标注为中国谚语，普遍认为出自孔子，与"百闻不如一见"是同样的含义。——译者注

很少的。但如果你阅读一下文字，就会对所发生的事情有一个清晰的了解。

尽管所有证据都证明了文字更有利于沟通，但人们还是患上了文字恐惧症，一种对文字病态的恐惧。为了弄清楚真相，我们找到了孔子的原话并将它翻译成了中文。

孔子的原话是："一图值千金。"他说的是"千金"，而不是"千言"。

我们立刻就明白了孔子确实是一位伟大的贤者。他成功地预见了通过电视或电影播放的画面的确能卖到千两黄金。我的天啊，这么多年来，我还以为他说的是"千言"呢！

一幅画面价值多少

我们都知道电视画面是非常昂贵的。第29届《超级碗》的30秒电视广告费就高达120万美元。

但是，电视上一幅单纯的画面价值多少呢？就是没有声音，只有图像的话，价值多少呢？

并不会很多。实际上，如果在产品包装上或者电视画面中没有文字说明，电视广告几乎没有任何传播价值。但是加入了声音之后，"画面"才变得鲜活。

如果单纯的图像没有任何意义，那么单纯的声音呢？虽然听起来有些奇怪，但是仅有声音的电视广告通常带有一条浅显易懂的信息。

大部分经典的印刷广告也印证了这一原则。单纯的视觉图像几乎没有任何意义。

一则既有图像又有文字的印刷广告，显然比单纯使用文字或者图像要有效得多。但是，分开来看，文字和图像哪个更有效果呢？

单纯的声音更有影响力

让我们以 56 年前经典的"百事可乐正中目标"电台广告为例。

这条广告没有任何信息是通过眼睛来传递的。但是，这条广告确实"击中了目标"。甚至直到今天，有些人还是能回忆起广告的前奏旋律，能说出每个广告词。56 年后，都还能记得！

这就很有意思了。一个深深烙印在心智中的概念却不是通过眼睛来传递的。人们认为眼睛更优越的传统观念看来有问题。

为了获得对这个问题的更客观观点，我们去拜访了一位专家，她是在记忆力研究方面的权威。来自华盛顿大学的伊丽莎白·洛夫特斯博士（Dr. Elizabeth Loftus），是一位心理学家、教师、研究员，在关于心智以及心智如何运作方面出版了 8 本书和发表了超过 100 多篇论文。当我们向她请教眼睛和耳朵哪个更能影响心智时，以下是洛夫斯特博士的回答：

> 在很多情况下，耳朵确实比眼睛更能影响心智。我的意思是，我们通过实验室研究表明，当你把一些单词传

达给人们时，可以利用听觉，例如录音带，也可以利用视觉，例如幻灯片，但是人们听到单词会比看到单词记住更多。

文字有力量

为了搞清楚其中的原因，你需要知道实际上记忆分为两种：一种是影像记忆，储存视觉信息；另一种是回声记忆，用来储存听觉信息。当眼睛看到一些图像或接收到某些视觉信息时，一个较完整的图像便会储存在影像记忆中，但是很快，一两秒的时间，它就会消失。然而，当耳朵接收信息时，也会在回声记忆中储存一个较为完整的印象，但消失得缓慢很多，一般可以停留4～5秒钟。

所以，储存听觉信息的回声记忆要比储存视觉信息的影像记忆持续更长时间。

那么画面呢？一幅画面真的顶得上1000个字吗？洛夫特斯博士这样解释道：

我认为这个说法不正确。正如你所听说过的说法：棍棒和石头可以打断我的骨头，但文字不能伤害我。我认为这个说法是不正确的，文字能深深地伤害你。有时文字也能帮助你。文字是很有力量的。

实际上，语言的力量从不停止。一项重要研究表明，哪怕人们在手术时处于麻醉状态，如果稍后再对他们进行催眠，他们依然能够想起来一些在手术过程中听到的声音。

当然，这是在人们昏睡或者接近昏睡的状态下发生的。但是广告是在人们清醒的状态下播放的。在这种更正常的情况下，画面和文字哪个更有影响力呢？洛夫特斯博士接着说道：

美国西北大学曾做过的一项研究表明，当你想说服人们购买某种产品时，比如说洗发水，你只用语言信息去说服，在这种情况下人们更容易信服你的产品。相比于在语言沟通时配合一些图像，人们更喜欢前者，也更愿意购买。单纯的语言信息看来更能让产品在人们的心智中建立好感。

两种语言

总之，语言有两种：书面语言和口头语言。虽然它们有很大的差别，但我们常常把二者混为一谈。

耳朵比眼睛灵敏。大量的调查显示，一方面，大脑可以在 140 毫秒之内理解一个口述的词；另一方面，大脑要花 180 毫秒去理解一个书面的词。

对于这 40 毫秒的延迟，心理学家推测可能是因为大脑需要把视觉信息转换成为可理解的听觉信息。

听觉不仅在信息接收速度上比视觉有优势，在大脑中保留的时间也更长。一个视觉图像，不论是画面还是文字，一秒之后就会消退，除非心智刻意把这个信息的核心进行归类存档。而听觉所获得的信息，可以持续 4 ～ 5 秒。

这也就是为什么我们在阅读书面信息时很容易走神。你经常需要返回重读，以抓住信息的脉络。由于心智更容易跟上听觉信息，所以听觉接收的信息在心智中停留得更久。

聆听信息比阅读信息效果更好。有两点区别。首先，心智储存听到的语言更久，让你更清晰地跟上思路。其次，人类的语调可以为文字加上情感力量，这是书面语言不具备的。

当你在听口述的词时，心智中也会有其他情况发生。

语调

语调在沟通中起了什么附加作用呢？就此，我们咨询了另一位专家托马斯·施蒂希特（Thomas Sticht），他是一位心理学家和研究员，出版过 5 本和发表过 95 篇关于沟通的书与文章。就这个问题，他说：

> 我们为美国陆军做了一项研究，当我们不带任何语调对士兵做了一个演讲后，发现他们对演讲内容的理解和学

习都非常差。当我们加上自然的声调变化和语调时，他们的理解和学习效果都有大幅提升。

所以，我们在说话时加入的语调和节奏感都能帮助人们学习。书面文字就做不到这一点。

心智靠耳朵运转

当然，我们进一步向施蒂希特先生求证，究竟一幅画面是否顶得上 1000 个字呢？他回答道：

我反而更认为一个字顶得上 1000 幅画面。事实上，你见过多少概念是通过图像来传递的？比如"上帝"、信用、可靠和爱，这些概念是很难通过图像来表达的，所以我更认为在很多情况下一个字顶得上 1000 幅画面。

你可能会对这两种语言之间的关系很感兴趣。我们发现，书面语言会被心智记录成一种内在的口头语言。看起来人的大脑必须先把书面语言转化成为相应的口头念出来的语言，然后才能理解这些信息（所以初级阅读者在阅读时嘴唇会动）。

耳朵驱使眼睛去工作。有大量的证据表明，心智靠耳朵来运转。思考是一个操纵声音的过程，而不是处理图像的过程（即使其中包含了图画或照片）。所以，你总是"看到"你"听到"的东西，看到声音引导你"期望"看到的东西，而不是看到眼睛告诉你"看到"的东西。

名字影响美貌

关于这一点，有一个经典的实验可以证明。首先，实验人员找了一组人，并找到了这一组人都认可的两位美貌相当的女士。

然后，实验人员找到另一组人，并且为实验加入了声音的考量因素，给两位女士起了名字。其中一位女士名叫詹妮弗（Jennifer），另一位名叫葛楚特（Gertrude）。现在，你来猜一下第二组参加实验的人认为哪位女士更美呢？

没错，詹妮弗得到了158票，而葛楚特只有39票。我们向所有起名为葛楚特的人致歉，但是你应该能看到问题所在。"葛楚特"这个名字的声音听起来不太舒服，从而扭曲了人们对美的看法。

一个好名字的威力

在《定位》一书中，我们讲道："名字是一个钩子，把品牌挂在潜在顾客心智中的产品阶梯上。"

现在我们知道其中的原因了。很显然，思考本身需要在大脑深处操纵声音，即使是单纯的视觉刺激，以及书面文字都是如此。

莎士比亚错了。玫瑰如果叫别的名字，闻起来就不会那么芬芳。你不仅只能看到你想看到的，也只能闻到你想闻到的。因此，香水营销中唯一最重要的决策就是如何给品牌命名。

"阿尔弗雷德"牌香水会和"查理"牌卖得一样好吗？不可能。加勒比海的猪岛曾经一直默默无闻，直到改名为天堂岛（更多关于好听的名字所具有的威力，请看第 15 章）。

比利时著名语言学家费尔迪南·德·索绪尔⊖曾说："语言和文字是两种不同的符号系统，后者唯一的存在理由是表现前者⊜。也就是说，书面语言是次要媒介，只是为了表现声音这一主要媒介而存在。

对广告的启示

这些发现对广告业的启示是很震撼的。对广告业来说，这意味着彻底转型，即从以视觉信息为主导转向以听觉信息为主导。

这并不是说视觉信息就不重要，它当然很重要。但是听觉才应该是主推器，视觉画面的角色是展现和强化语言信息。然而，目前广告业的做法通常搞反了。

那么正确的做法是，首先，书面文字应该承载主要的销售信息。矫揉造作或含糊不清的文字只会带来麻烦。

其次，广告大标题不仅要看起来舒服，还要读起来好听。标题文字的押韵或节奏感，会大大增强人们的记忆度。

最后，视觉画面需要有简短的说明文字，否则读者很容易就走神了。如果画面吸引了读者，但他们只是看而不读，就没什么

⊖ Ferdinand de Saussure，1857—1913，是公认的结构主义创始人，现代语言学理论的奠基者。——译者注
⊜ 出自索绪尔《普通语言学教程》。——译者注

用处。

在电视广告中，销售信息应该由语言来传递。更为重要的是，你绝不能让视觉画面压过声音。一旦发生这种情况，观众就不会注意听了，销售信息就无法传递。

画面的"注意力分散因素"解释了为何很多广告观众会认错。同时，这也解释了为什么宝洁公司的生活片段式广告的效果很好。因为它是以语言为导向的，而且几乎没有任何视觉上分散注意力的地方。人们并不会热烈讨论这些广告，他们只是记住广告。

消费者更喜欢声音

人们不论是面对面还是通过电话相互交流时，都更喜欢通过耳朵来接收信息。

有许多证据表明，消费者更青睐通过嘴巴传递信息和通过耳朵接收信息，而不是通过眼睛。1993 年全美国一共打了 5220 亿通电话，寄出了 920 亿封普通信件。也就是说，每打 6 通电话才会有 1 封信件寄出。

这还没说完。实际上，大家都知道，"普通信件"通常都是账单。所以我们估计，平均每个人要打 20 通电话，才会写 1 封信。

人们用某一种感官去获取纯粹快乐时，最常用到的就是听觉。不妨比较一下，人们花在听音乐上的时间和花在观看艺术或摄影展的时间。没有什么可比性，耳朵明显占了上风。

广告主更喜欢画面

很显然，广告主和目标消费者有着巨大的分歧。

就消费者花在各种媒体上的总时间而言，其中 85% 花在以声音为主的媒体上，如广播和电视，而在以视觉为主的媒体上所花的时间仅占 15%，例如报纸和杂志。

然而另外，广告主有 55% 的资金用于投放在以视觉为主的媒体上（印刷媒体），只有 45% 的资金用于以听觉为主的媒体（广播电视）。

把电视算作以声音为主的媒体，是否公平呢？

可能不公平。但是研究表明，声音在电视的信息传播有效性中所起的作用，要远远大于大多数广告主和广告公司愿意承认的作用。

我们最后再来看一下孔子的那句话。我们都记得他说了什么，却不知道他长什么样子，这是因为心智靠耳朵运转。正如我们在第 3 章中曾指出的，"心智容易混乱"，真遗憾我们没有听对孔子的话。

因为心智靠耳朵运转。

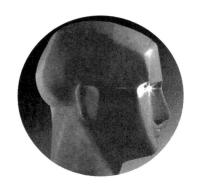

第 15 章

找到好名字的秘诀

THE
NEW
POSITIONING

15 年前，我们写道："最重要的营销决策就是给产品命名。"

如今，全世界都很赞同我们的看法。

强生公司的一本手册上写道："我们迄今为止最有价值的资产就是我们的公司名称和商标。"

桂格燕麦（Quaker Oats）前总裁说过："如果企业被拆分，我会欣然带走品牌、商标和商誉，你可以留下所有的厂房和设备，而我会发展得远比你好。"

美国专利与商标局前局长曾说商标"通常是一家企业中更有价值的资产，比其他所有资产加起来的价值还要高"。

一项面对 400 家企业的调查问卷显示，与 3 年前相比，商家向市场推出了更多的产品，尝试更多的命名方法，同时也发现这项工作越来越难。

头号难题：可获得性

名字的可获得性成了当今商标注册的头号难题。过度的传播也正在降低名字的可获得性。

美国已经有 160 万个注册商标了，仅在化妆品一个行业就有 72 100 个注册商标，而且每 4 个月就新增 1000 个化妆品品牌（这仅仅是在一个国家的一个行业中，每天就出现 8 个新商标）。

欧洲有大约 300 万个商标。去年全世界有 500 000 个新注册商标。

一本标准字典只收录 100 000 个词语。我们很快就要用完可用于名字的所有词语了。

10 个名字中有 9 个不合格

让我们来看看起一个好名字到底有多难？下面就告诉你。几年前，金佰利公司的工业类产品的注册商标是"X 品牌"（Brand X）。

给自己的公司取一个名字有多难呢？一家纳斯达克上市公司的 CEO 曾举办了一场让员工给企业重新命名的竞赛。他收到了 3400 份投稿，却一个也没选出来。

这并不奇怪。在你想到的 10 个名字中，有 9 个都无法获得。

设想你现在正准备给一款全新的家用胶水取名。你开始钻研胶水的技术，关注竞争，收集了一些有创意的想法，然后开动脑筋想出了一些可能的名字：

"标杆"（Benchmark）、"斗牛犬"（Bulldog）、"首选"（First Choice）、"大满贯"（Grand Slam）、"英泰"（Intac）、"激光黏合剂"（Laser Bond）、"激光洛克"（Laser Loc）、"动力源"（Powerhouse）、"巨蟒"（Python）、"磐石"（Rock Solid）、"大力士参孙"（Samson）、"铁腕"（Strong Arm）、"终结者"（Terminator）、"顶级抓力"（Top Grip）、"高强度"（Xtra）。

这些名字都非常好，只是有一个小问题：这些名字都已经被用掉了，已经被别人注册了。

缩写不是名字

AIB、BZW、EG&G、DSC、EMC、SCI、UBS，这些首字母缩写并不是真正的名字。正如我们在《定位》中讲的那样，从定位的角度看，这些首字母缩写都是一张通往"无名陷阱"的单程车票。

当你向新朋友介绍自己时，说自己叫"B. J."，你的新朋友会立刻开始将这两个字母转换成有意义的单词（"我猜这是博比·乔（Bobbie Joe）的简称，还是比利·杰克（Billie Jack）呢？又或者是……"）。虽然你一直在滔滔不绝地说话，但是你的新朋友还在想你的名字缩写究竟代表了什么。

企业和产品的名称会发生同样的情况。设想有人这样介绍自己："早上好，我来自 HSBC 控股，我想要……"先等一等，什么控股？你到底是谁？

HSBC？ HSBC 控股有限公司是一家来自伦敦的证券和金融交易所，它的高管艾伯特·马斯兰（Albert Maasland）说："这个缩写没有任何意义。"（真的是太棒了。我们对自己的公司感到骄傲，因为他的名字没有任何意义！）

让我们做个简单的测试吧。下面两组公司名称都直接取自《财富》杂志 500 强的名单，其中有些是美国最大的工业企业。这些名字你应该都能认得出吧？

这两组公司名称所代表的企业在《财富》杂志的榜单里是前后连在一起的。哪边的企业更出名呢？你又更希望投资哪边的公司呢？（请说实话。）

Bethlehem Steel 还是 VF？ [⊖]

Hershey Foods 还是 AMP？ [⊜]

DowJones 还是 USG？ [⊜]

Maxus Energy 还是 EMC？ [⊛]

Interlake 还是 NCH？ [⊜]

　　用真正的单词甚至是杜撰的单词作为公司名称，相比使用无意义的首字母缩写名，前者的易记程度相比后者高出 40%。首字母缩写看起来不错，但其实是一种蹩脚的命名方法（除非你想要躲避什么人，因为这种无意义的名字看起来就像是一种掩饰）。

　　在一种情况下，使用首字母缩写是可以的。在企业内部，把冗长的公司名字转换成缩写是有意义的，这样大家用起来更便捷。例如，在国际都会工业公司（InterMetro Industries Corp）内部，当你说"让我们把所有 IMIC 的团队都集中到这件事上来"时，所有人都能明白你的意思。

⊖　Bethlehem Steel，伯利恒钢铁公司，曾是美国第二大钢铁公司，1857 年成立，2001 年申请破产保护，2003 年关闭。VF，威富集团，1899 年成立于美国，是全球最大的成衣上市公司之一。——译者注

⊜　Hershey Foods，好时食品公司，成立于 1894 年，是北美地区最大的巧克力及巧克力类糖果制造商。AMP，阿默普莱斯金融公司，创立于 1894 年，是一家在美国和国际市场为个人和机构客户提供各类金融产品与服务的公司。——译者注

⊜　DowJones，道琼斯，成立于 1882 年，是世界一流的商业财经信息提供商，旗下拥有《华尔街日报》、道琼斯工业指数等。USG，美国石膏公司，成立于 1901 年，是美国最大的墙板经销商，也是北美最大的石膏产品生产商。——译者注

⊛　Maxus Energy，马休斯能源，1910 年成立于达拉斯，1995 年被阿根廷石油公司 YPF 收购，2017 年申请破产。EMC，易安信，成立于 1979 年，是一家信息存储咨询科技公司，2015 年被戴尔收购。——译者注

⊜　Interlake，因特莱克，成立于 1905 年，是一家美国钢铁制造企业，后转向多种金属材料的设计、生产和销售。NCH，安治化工有限公司，1919 年成立于达拉斯，是世界知名的专业性化工公司。——译者注

　　尽管如此，还有其他问题需要考虑。当南方浸信会医院（Southern Baptist Hospital）和新奥尔良慈善医院（Mercy Hospital）合并后，双方对新医院的名称发生了争执，"浸信会"（Baptist）和"慈善"（Mercy）究竟哪一个放在前面呢？希望它们考虑到了内部缩写的名称。你更愿意被称为"BM"还是"MB"呢？

最新思考

　　3/4 的公司都说，相较于 5 年前，现在要找到一个新名字"极其困难得多"。

　　多年来，我们和上百家公司合作过，帮助它们寻找合适的名字，寻找那些能够切入心智、启动定位的名字。

　　以下是一些关于起名的最新思考。

让名字启动定位

　　最好的名字要能够直接和产品利益点或卖点挂钩。当你把名字和需求连接起来，定位程序就启动了。每次有人听到、读到或者说出你的名字的时候，都是在加强定位。

　　经过一段时间，你的名字和定位就几乎融为一体了。你就在心智中占据了一个品类。

　　比如，"永久"（DieHard），一款持久耐用的电池（这个名字直接取自字典，在布鲁斯·威利斯的同名电影《虎胆龙威》（*Die*

Hard）之前就有了）。

再比如，"莱格丝"（L'Eggs）袜子[⊖]、"稳洁"（Windex）窗户清洁剂[⊜]、"倍护"（Intensive Care）润肤乳、"海飞丝"（Head & Shoulders）洗发水[⊛]。

并不是所有的词都已经被使用了，你还是要继续寻找。放弃同义词，去尝试一下口语或者俚语。例如，有一家墨西哥风味的连锁餐厅名叫"一应俱全"（The Whole Enchilada）®。"无汗"（No Sweat），是露华浓公司新出的运动除汗剂的名字，很成功。

确保名字好听

名字不仅要好看，更要好听。

正如我们在第 14 章中所谈到的，心智会将文字转化成声音。所以一个名字被大声说出来的机会要多于被看到的机会。

"卡丽斯"（Caress），听起来就和香皂一样丝滑。

"纽特"（NutraSweet）®不仅听起来甜甜的，而且关联了产品核心价值，便于记忆。

⊖ L'Eggs 英文名中 leg 是腿，egg 是蛋，与它的袜子产品和早期蛋型外包装相契合。——译者注
⊜ Windex 英文名中 win 指 window（窗户），寓示窗户清洁剂。——译者注
⊛ 英文名 Head & Shoulders 中 head 是头，shoulder 是肩，寓示去头屑。——译者注
㉔ 指一种墨西哥烹饪方法。——译者注
㉕ 本意为阿斯巴甜，是一种甜味剂。NutraSweet 是全球最大的阿斯巴甜生产销售商。——译者注

"尤纳姆集团"（UNUM）[⊖]是一家大型保险公司，但是名字听起来不太舒服，读起来也不顺口（是读作"你麻木"（YOU-numb）还是"噢麻木"（OOO-numb）呢？就连它自己的前台接待也读不清楚）。要注意避免使用听起来咕哝的词。相比起来，这家公司之前的名字——"联合互助"（Union Mutual）倒是很不错。

1994 年，有一部叫作《肖申克的救赎》（*The Shawshank Redemption*）的电影被影评人赞誉为一部鼓舞人心的监狱题材影片。这部由蒂姆·罗宾斯（Tim Robbins）和摩根·弗里曼（Morgan Freeman）主演的电影也获得了好几项奥斯卡提名。但是因为这个拗口的名字，这部耗资 2700 万美元的电影，最终票房只有 1800 万美元。

城堡石制片公司（Castle Rock Picture）的总裁也出来辩护称，与其他大片相比，例如《义海雄风》（*A Few Good Man*）、《当哈利遇见莎莉》（*When Harry Met Sally*）、《火线狙击》（*In the Line of Fire*），《肖申克的救赎》在试映时反响更好。

城堡石制片公司的马丁·沙费尔（Martin Schafer）表示："我们认为这部影片已经足够好，完全可以克服负面因素。但我们就是没有办法提高上座率。"

这个糟糕的名字让影片本身再好也无济于事。心智会将这些沉闷的词语转化成不吉利的声音，于是观众到了影院就去看别的电影了。

⊖ 尤纳姆成立于 1948 年，是一家为消费者提供伤残保险产品的保险公司，是美国和英国该类产品最大的供应商。——译者注

让名字易记

声音的不断重复非常有助于记忆。

所以，在起名的时候，应同时写定位广告语。下面就是一些让名字和定位相结合的典范：

Roach Motel. The roaches check in, but they don't check out.[⊖]

Taster's Choice. Tastes and smells like real ground roast.[⊜]

Master Glue. Masters twice as many materials as ordinary super-glue.[⊜]

Fink Used Cars. Quick as a wink, deal with Fink.（芬克二手车是一家在俄亥俄州赞斯维尔市的极其成功的二手车商。）®

生造名字要谨慎

任何有计算机的书呆子都能随便起一个名字，比如 Anadem 或者 Zylog。就像一位知名剧评人说的："这不是创作。这只是打字。"

只有当你推出万众期待的真正新产品，并且是第一个进入顾客心智的时候，你才有资格使用没有任何含义的生造词。

⊖ 蟑螂旅馆：蟑螂入住，却不退房。英文品牌名中的 Roach 和广告语中的 roaches 形成声音重复，有助于记忆。——译者注

⊜ 美食家的选择：吃着闻着都是真正烧烤。英文品牌名中的 Taster 和广告语中的 Tastes 形成声音重复，有助于记忆。——译者注

⊜ 大师胶水：可黏材料种类是普通超级胶水的两倍。英文品牌名中的 Master 和广告语中的 Masters 形成声音重复，有助于记忆。——译者注

⑭ 芬克二手车：眨眼就成交，找芬克。英文品牌名中的 Fink 和广告语中的 Fink 形成声音重复，Quick 与 Fink 也押韵，有助于记忆。——译者注

乔治·伊斯曼（George Eastman，柯达创始人）说他基于多个原因生造了"柯达"（Kodak）这个名字。它简短、不同寻常并充满活力。"K 是我最喜欢的字母，它属于那种强有力并且很敏锐的字母。"

在语言学上，这些新造的词叫作"新语"（neologisms）。当今的商标世界堪称狂乱，字典中的词语也所剩无几，所以只好常常使用这些新语。

但是就像本书合著者、起名专家史蒂夫·里夫金指出的，你可以造一些有意义的、有冲击力的、可用的新词语做名字，让这些词仍能启动定位。

一家名叫"国际多种食物"（International Multifoods）的企业说起来就很顺口。

Humana、Compaq、Acura 都是一些既有词语的变体，人们可以识别出来。⊖

蒂芙尼（Tiffany）在 10 年前推出的第一款香水新品 Trueste，也是如此。⊜

止痛药 Aleve 的名字是一种更微妙的变体。⊜

三菱汽车（Mitsubishi，这个词在日语里的意思就是"三个菱

⊖ Humana，哈门那，美国第三大保险公司，英文名 Humana 与 human 一词接近。Compaq，康柏，成立于 1982 年，1995 年成为全球第一的个人计算机品牌，2001 年与惠普合并，英文名 Compaq 与 computer 一词接近。Acura，讴歌，本田汽车旗下豪华品牌，1986 年开始在北美市场上使用，英文名 Acura 中的 acu 是一个词根。——译者注
⊜ 英文名 Trueste 与 true 一词接近。——译者注
⊜ 英文名 Aleve 中的 leve 与 reliever 一词发音部分接近。——译者注

形钻石")知道，很多旅行者会把西班牙语 Diamante 这个词认作三菱汽车的豪华车的名字。

以上名字都属于英语中的"新语"，它们远胜类似于 Amirage 或者 Zixoryn 这些毫无意义的新语。

看看名字是否在出售

康胜（Coors）啤酒从一家早已倒闭的酒厂那里获得了"爱尔兰红啤"（Irish Red）名字的使用权，作为它的高端啤酒的名字。

伊夫·圣罗兰（Yves St. Laurent）有一个热销的香水品牌"鸦片"（Opium），这是它花了 200 美元，从两位年老的香水商手里买来的名字。可是后来，他们在"香槟"（Champagne）这个名字上花了 100 万美元才购得（"香槟"已经在 70 个国家成为注册商标）。

有一家银行花了 1 万美元去收购另一家银行的名字，作为自己的现金管理服务业务的名字。

有一家《财富》100 强企业从其日本竞争对手处购买了一个自动化软件名字的权利，中间经过了一个星期的电话会议和无数的传真往来才达成了协议。

所以，当你发现你想要的名字已经被他人占有时，那就想办法拿到它。那个名字是否停用了或者很少使用，这都没有关系。名字就是一项资产，可以像房地产一样买卖。

几年前，施格兰（Seagram）公司首次出售了旗下某个商标的所有权，而且售价不高。究竟为什么呢？据其营销总监说，公司发现要找到一个合适的名字太难了，就想办法从别处购买了商标，还受到了出售者的善待。于是公司就出售商标给予回报。

下面是获取已经被注册的名字的几条原则：

1. 要敢于和管理层坦诚沟通。你要记住这一点，特别是当管理层问"你想要干什么"的时候。

2. 找一个中间人去报价。最好挑一个和你公司没有直接业务往来的商标律师做中间人，而这个人所在的城市就在商标出售者附近。

3. 要清楚自己愿意出多少钱。这种交易谈起来会很快。那个商标究竟对你而言有多大价值？要知道，商标的所有权早已确立，也很可能受到保护。

4. 确定商标的"权利转让"绝对清晰。你所购买的只是在美国和加拿大的商标所有权吗？目前的商标所有者是否还保留了哪些权利？

注意法律的变化

1989 年，美国联邦商标法放宽标准，允许对"有意使用"的名字进行注册。闸门一经打开，成千上万的公司开始储备新的名字。

全球范围内正在进行改变商标所有权法规的条约谈判。关贸总协定（GATT）中的一些条款，就是用于处理那些在美国被视为通用名而在欧洲却被激烈争夺的名字的。

还记得罗斯·佩罗（Ross Perot）吗？针对北美自由贸易协定（NAFTA）之下墨西哥的廉价劳工会抢走美国的工作，他曾大声抱怨这种"巨大的吮吸声"。看来，并没有多少人注意到有一个微小的吮吸声，它会对商标名称产生巨大影响。

北美自由贸易协定中藏着一条条款，它规定禁止在商品名字中带有对商品原产地"根本性错误描述的地理名称"。

这就是说，你不能把你的产品命名为"博伊西牌土豆泥"，以利用爱达荷州盛产土豆的优势，除非这些土豆真的产自博伊西（Boise）。再比如，如果你的辣酱其实产自帕迪尤卡（Paducah），就再也不能叫圣达菲牌莎莎酱（Santa Fe Salsa）了。

商标律师迈克尔·拉斯基（Michael Lasky）说："我敢和你打赌，客户企业并不知道这些规定，于是坚持选择这种类型的名字，因为它们一直都是这样做的。"

名字要适合多语言

随着全球化，越来越多的事实表明，你的品牌名字也要适合多种语言。

通用汽车没有从意大利武器制造商那里获得授权，就把一款新雪佛兰汽车命名为"伯莱塔"（Beretta）。结果，通用汽车花了50万美元解决法律纠纷。⊖

雅诗兰黛准备将乡间迷雾（Country Mist）牌粉底出口到其

⊖ 伯莱塔品牌已经被注册，属于一家意大利武器制造公司。——译者注

他国家时，德国的经理指出，在德国俚语中"mist"是"肥料"（manure）的意思（所以这款产品在德国的名字改成了"乡间湿气"（Country Moist））。

一家食品公司在广告中把自己的墨西哥卷饼命名为"Burrada"。这犯了一个大错。因为 Burrada 这个词在口语中是"大错误"的意思。

现在你可能会说："不，我们永远不会走出美国。"但是当新老板决定把品牌推向海外时会怎样呢？或者你的事业部被出售后又会怎样呢？

进口商品的品牌名字同样面临这种尴尬。你觉得来自日本的、名叫"Creap"⊖的咖啡奶精在美国销量会好吗？或者，来自斯堪的纳维亚半岛的"Super Piss"牌⊜车锁解冻液？又或者，来自德国的"Zit"牌⊝巧克力？

为了避免你的品牌在国际市场上遭遇挫折，你应该确保对照以下 4 条基本原则检查一遍。

1. 可接受性。你的品牌名应该由每个目标市场国家的一位语言流利的本地人来评估一下。要看他是否认为这个名字可以被当地国家的大众接受。

2. 既有含义。你的品牌名在目标国家是否拥有与你的国家相似或者不同的含义？

3. 负面暗示。你的品牌名会导致什么样的误解？

⊖ Creap 发音与 creep 相同，后者在俚语中是"讨厌鬼"的意思。——译者注
⊜ piss 在英语中是小便的意思。——译者注
⊝ zit 在英语中是青春痘的意思。——译者注

4. 易读性。你的品牌名发音是否容易呢？（比如日本的名字就是一个大问题。）

一个共同真理

给产品起名字可能是商业活动中最普遍的动作。

你不一定要做广告、促销、包装、搭建销售网络或者做销售培训，你甚至也不一定要给自己做定位（我还是建议打消这个念头）。

但是，无论你的公司、分公司、产品还是服务，终归要起个名字。

既然如此，何不选一个好名字？选一个能够启动定位的名字？

《圣经·箴言》第 22 章第 1 条说"美名胜过大财。"选一个好名字，你可能会获得双重保佑。

第 16 章

避免糟糕的名字

有时候，出于种种原因，你无法避免一个糟糕的名字（可能你就是牧客酸奶（Mukk Yogurt）或宝矿力水特（Pocari Sweat）这种外国大品牌的美国经销商）。

又或者，你的公司名还是不错的，而它作为新业务的品牌名却显得很糟糕（比如施乐计算机）。

上述问题很普遍，也很难解决。甚至，几乎没有几家公司会意识到自己的名字很糟糕，你也很难看见有哪个员工敢就公司名字的问题向总裁提出异议。

不过，只要你能够解决公司内部的认知问题，然后运用以下方法，就可以避免取一个糟糕的名字。

更换新名

首选方法是你鼓起勇气，然后大步走进总裁办公室，劝说其更换阻碍公司发展的糟糕名字。

你可以这样向总裁论述："我们现有的名字确实还不错，但它将我们锁定在过时的历史中。这个名字确实有一些品牌资产，但影响力仍然有限，还不足以让顾客久久不忘。当然，如果更换名字，起初确实会让部分顾客感到困惑，但通过恰当的解释，最终我们可以获得他们的理解。"

纽约哈勒姆区储蓄银行（Harlem Savings Bank of New York）这个名字，一直在阻碍这家银行的发展之路，其不仅限制了它向哈勒姆区以外的地区扩张，还限制了它开拓新客户群体的

能力。[⊖]

这家银行进行战略转型的关键一步就是更换新名——苹果银行（Apple Bank）。它既割断了与哈勒姆原有的关联，又与纽约市的昵称"大苹果"（The Big Apple）建立起有益和亲切的联系。

启用旧名

正如我们在第 5 章中所说的，人们总是能回想起那些历史悠久、广为人知的名字。

对于好几代人而言，《家与庭院》（*House & Garden*）这本装饰杂志一直处于行业领导地位。它的名字虽然谈不上精彩绝伦，但不失为一个可靠、好懂、有意义的好名字。

为了吸引年轻读者，这本杂志在 1987 年的时候忽然弃用了有85 年历史的老名字，改名为 HG，这是当时流行的首字母命名法（也就是我们在第 15 章中批判过的"不是名字的名字"）。

这次更名的结果是灾难性的，读者纷纷退订，让杂志社摇摇欲坠。最终，这本名为 HG 的杂志于 1993 年停刊。

现在，康泰纳仕出版社（Condé Nast）宣称将重振这本杂志，并将其重新推向以装修和园艺为乐趣的一代人，这些人正处于30 ～ 40 岁，用这家出版社的总裁的话说，他们刚刚购置了"养育孩子所需的大房子"。

⊖ 哈勒姆区（Harlem）是纽约北部的一个黑人社区，因此该银行的名字会让人认为它的经营对象主要是哈勒姆区的黑人居民。——译者注

那么，这本既旧也新的杂志该叫什么名字呢？当然还是《家与庭院》。

这个教训告诉我们，如果你错误地更改了原来的名字，那最好承认错误，并启用旧名。

使用子品牌

另一种方法是使用子品牌。

你可以去地下室看一看挂在墙上的灰净（Dustbuster）吸尘器。发现了什么？吸尘器上"灰净"两个字比较大，而"百得"（Black & Decker）两个字却比较小。

这个吸尘器的品牌名是"灰净"，而"百得"则是公司名。

"灰净"就是所谓的"子品牌"，或者叫"副名称"。这就像一部电影，公司名写在电影结束后的"鸣谢"名单里，而子品牌则要写在"主演"名单的最上面。

子品牌可以帮助我们在两种不同的需求之间找到平衡点。通过这个方法，你让公司员工心满意足，因为让他们自豪的百得商标依然还在。同时，你也没有让消费者失去兴趣，因为很可能会引起困惑的商标（"动力工具公司怎么能生产微型真空吸尘器呢"）不那么醒目了。

V8 是金宝汤公司推出的产品。但是，瓶子上印的大大的名字当然是 V8（如果叫"金宝蔬菜汁"则听上去就感觉不会好喝）。

万怡酒店（Courtyard）和公馆酒店（Residence）虽然都隶属于

万豪集团，但两者的级别和定位完全不同。

使用子品牌命名法能达到两个效果。

一是新的子品牌名可以以一种更加清晰的方式进入心智；二是可以避免用老品牌为新产品或新服务进行命名，因为老品牌往往已经有其固定含义，容易引起混淆。

"欺骗"性的名字

政党中的极右派非常关注名字的重要性。

如今，善于煽动民众的政客喜欢使用一些看起来温和无害的名字，因为他们发现像"三 K 党"这样有恐怖意味的名字不利于维系良好的公共关系。

《华尔街日报》上一篇关于该话题的文章列出过如下组织名：

历史保护协会（实际为一个狂热的反民权组织）、历史回顾协会（实际为一个否认犹太人大屠杀历史的出版社）、保守市民委员会（实际为一个政府阴谋论故事的出版社）。

这个经验告诉我们，你在判断一个群体的时候要谨慎小心，不要被它的名字所迷惑。

五十铃汽车的故事

近年来，最有趣的命名故事出自五十铃汽车，这个故事也能带给我们不少启发。

　　五十铃汽车的故事要追溯到 1976 年，那时，别克汽车正决定在日本生产这些曾在德国制造的欧宝汽车（Opel）。

　　原因在于当时德国马克汇率暴涨，别克汽车认为用日元做生意更加有利。

　　为了在日本制造欧宝汽车，别克把目光投向了五十铃汽车——早在 1971 年，别克的母公司通用汽车，就已经持有这家公司 34% 的股份。

　　所以问题来了，如果作为消费者，你该如何区分日本欧宝和德国欧宝呢？即使是别克汽车的内部员工，一定也会提出这个问题。

　　对此，别克汽车的解决方案是在原有的品牌名后加上制造商的名字。所以，这些在日本制造的新车被命名为"欧宝－五十铃"（Opel-Isuzu）。

　　多么糟糕的名字，多么愚蠢的想法。在之后的数年里，别克汽车挥霍了数百万美元，以试图将五十铃汽车打造成一个畅销的进口车品牌。

　　五十铃在日语里的意思是"50 个铃铛"。从理论上来说，50 个铃铛一同响起的声音确实清脆悦耳，但不幸的是，五十铃在英语里完全没有这层含义。对美国人而言，五十铃这个名字听上去更像是一种性病，而不是一辆汽车。

"你的老五十铃汽车怎么样了？"

　　"名字引发的问题不会终结，甚至会愈演愈烈。"五十铃汽车的故事再一次佐证了这句老话。

在别克汽车的广告代理商策划广告时，名字的问题第一次显现了出来。广告代理商通过调侃名字来宣传，一则广告里问道："五十铃汽车是干什么的"？另一则广告里则问："你的老五十铃汽车怎么样了？"

别克汽车的经销商并没有被逗乐。圣路易斯的一个经销商说："五十铃这个名字真是让人不知所云。"

别克汽车的管理层关注名字问题了吗？当然没有。他们关心的是供应问题，为满足美国市场的需求，他们第一年就生产了24 000辆五十铃汽车，并精挑细选了800个经销商。

其中一则广告还以营造供不应求的气氛来进行宣传："哎呀，我们的五十铃新车太少了。"

信心膨胀。别克汽车的一位高管说："因为货真价实，欧宝－五十铃比德国欧宝更好卖。"

《汽车新闻》却不这么看。它在1976年5月31日那一期中报道："别克汽车的日本进口车销量仿佛是被'黏到'了展厅的地板上。"

相比于计划量产的24 000辆，别克汽车经销商在第一年里实际销售了不到8000辆欧宝－五十铃。

作为对比，别克汽车经销商在上一年可是卖出了39 730辆德国欧宝。

别克汽车管理层终于痛苦地意识到，"老五十铃汽车"真的卖得不好。因此，他们终于做了早就应该做的事：取消了五十铃这个名字。

第二年的广告标题是："他们说的关于欧宝的话是真的吗？"你或许认为他们会在广告正文中说："我们放弃了五十铃这个名字。"但并非如此，广告正文中再也没有提起"五十铃"这个难听的名字。

接下来，销售情况有所好转。1977年，日本欧宝卖出了29 067辆，而1978年销量又下降到了19 222辆。那几年恰好是进口车市场的繁荣时期。1978年，丰田、日产和本田一共销售了超过100万辆车。

五十铃单飞

20世纪70年代末，五十铃汽车认为它以自己的品牌进行销售会更好，于是建立了美国五十铃汽车有限公司，并聘用了一家抢手的广告公司。这家广告公司由杰尔·黛拉·菲米娜（Jerry Della Femina）领导，此人曾写过一本书，叫作《来自赠你珍珠港的美好人们》（*From Those Wonderful Folks Who Gave You Pearl Harbor*）⊖。

第一年的广告预算是1000万美元，与之对应的销售计划是35 000辆车。广告预算倒是轻易就达成了，但是销售计划完全落空。

这个广告的主题是什么呢？当然还是在纠结名字问题："五十铃：名字落后，车很先进。"

如你所料，这款有着落后名字的先进汽车在美国市场上遭到了

⊖ 据称美国热播电视剧《广告狂人》就是受这本书启发。——译者注

挫败。相较于 35 000 辆的销售计划，美国五十铃汽车有限公司在 1981 年只销售了 17 805 辆。

滞销的情况一直延续到 1985 年，那时的广告预算已经增加到 2200 万美元，以改善五十铃汽车低得令人沮丧的品牌知名度。

那一年的广告将五十铃汽车 69 年的历史作为卖点，在广告中宣扬如下主题："日本第一家汽车制造商。"其中一个大标题引人注目："我们要教会日产、本田和丰田怎样尊重前辈。"

那一年里，五十铃汽车卖出了 26 953 辆车，而"后辈"一共卖出了 1 561 832 辆，是"前辈"的 58 倍。这大概就是所谓的"尊重"吧。

"乔·五十铃"的诞生

1986 年夏，五十铃汽车认为其终于找到了解决五十铃汽车低得令人沮丧的品牌知名度的办法。在广告里，演员大卫·莱热（David Leisure）扮演的"乔·五十铃"微笑着站在一辆五十铃汽车前，告诉电视观众只需要 9 美元就可以买下这辆车。

骗子"乔·五十铃"这一形象就此诞生。

广告创意界在欢乐中表达了激赏，给"乔·五十铃"的创造者颁发了几乎所有的行业奖项，包括 1987 年戛纳国际广告电影节的金狮奖。

然而所有这些并无实效。无论创意界如何吹捧，五十铃汽车的销售量还是开始直线下滑。到 20 世纪 90 年代初，报表开始出现巨额亏损。

子品牌命名法

五十铃汽车的问题出在了名字上，而名字引发的问题永远不会自己消失。有一个故事说三个人在闲谈，其中一个人说："我开的是一辆本田。"另一个人说："我开的是丰田。"最后一个人说："我开的是一辆日本车。"毫无疑问，最后这个人开的是五十铃汽车。

谁会承认自己开的是一辆五十铃汽车呢？这车的名字太难听了。还记得埃德塞尔（Edsel）汽车吗？它和五十铃存在共同的问题。[一]

两者都有一个难听的名字，而难听的名字会让汽车这样的个人身份产品无法畅销。

最终，五十铃汽车还是找到了解决方案。卡车和四驱车是一个新的领域，理论上，难听的名字不会对这些类型的车辆的销售产生太大的负面影响。如果再用一个像"轻骑兵"（Trooper）这样的名字作为子品牌名，负面影响就更小了。意识到这一点，五十铃汽车停掉了所有的轿车生产线，将全部资源投入到"轻骑兵"和"竞技者"（Rodeo）中。

现在，这两种车的主人可以很自豪地说出自己的车名了（"我有一辆轻骑兵"，而不是"我有一辆五十铃汽车"）。

名字问题一旦解决，销量也随之好转，好到供不应求。

永远不要低估一个好名字的价值。名字可以成就你，也可以摧毁你。

〇 Edsel 是福特于 20 世纪 50 年代推出的一款汽车，以失败告终。——译者注

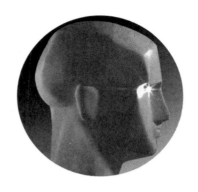

第 17 章

给品类命名

这个标题可能会让你感到一些意外。可是我们这么多年来确实花了不少时间琢磨企业销售的到底是什么东西。换句话说，我们要给企业的产品或服务的品类进行命名。

不管是大公司还是小公司，都会发现用合适的词描述它们的产品并不容易，尤其是新品类和新技术。

这些公司有时会用一些令人困惑的词来描述产品，而这种做法从一开始就注定了徒劳无功。

我们在心智中对一种产品进行定位时，一定是从"这个产品是什么"这一问题开始的。顾客心智按照品类对信息进行分类和储存。因此，如果你把一种品类很让人困惑的产品介绍给消费者，就几乎难以进入他们的心智。

PDA 是什么

苹果公司推出了一种新产品，叫作"牛顿"（Newton），并称这种产品是"PDA"，结果碰到了问题。

它很快就遇到一个与定位有关的最大难题：我们卖的到底是什么产品？

它在第一批印刷广告中设计了如下问题："'牛顿'是什么？"在电视广告中也问道："'牛顿'是什么？'牛顿'在哪儿？'牛顿'是谁？"

很不幸，苹果公司自己也没有找到让用户乐于使用的词来回答这些问题。

"PDA"的意思是"个人数字助理"，这个名字不是一个品类，也绝不可能成为一个品类（"该死讨厌的缩写"（Pretty Damned Abstract）这几个英文单词的缩写恰好也是"PDA"）。

品类并不是由公司创造出来的，而是由用户创造的。至今为止，用户还没有把"PDA"视为一个品类。

你不能强迫消费者听话。消费者可能会用你设定的品类名，也可能不用。如果他们不用，你只能放弃，去找一个新的品类名。

分析产品功能

要确定你的品类，第一步是必须用消费者或用户可以理解和愿意说的简单语言来说清楚你的产品功能。

比如，"牛顿信息板"（Newton MessagePad）实际上包含三种功能，即计算机、通信器和电子管理器。

这个产品确实包含了三种功能，但很明显，要给这种多功能的设备进行定位也确实很困难。

这是许多公司都会经常遇到的问题，原因在于，它们总是妄想在一句描述中把产品的所有功能都包含其中，结果只会导致事情越来越复杂，而消费者也就更难在他们的心智中对这种产品进行归类。

取舍是必要的

解决"牛顿"定位难题的方法是做出取舍（任何成功的战略在

本质上都需要取舍）。

这并不是说苹果公司必须放弃"牛顿"的某些功能。产品本身不需要进行改变，要改变的是产品定位。对"牛顿"的定位要集中强调其中一种功能，那么应该是哪种功能呢？

首先不应该是计算机功能。如果把"牛顿"定位成手写笔输入式计算机，产品则显得有些过时。老一代人可能会在意手写笔输入式计算机的优势，而新一代年轻人并不关注。大多数年轻人更愿意用键盘打字，而不是用手写笔。

也不应该是通信功能（它的电话功能去哪了）。另外，传真功能也受到基础设施的限制，不会随处可用。

现在只剩下管理器功能可以作为"牛顿"的定位选择了。如果你问问"牛顿"的现有用户使用该设备的原因，他们会说："因为它有管理器的功能。"

由此可见，"牛顿"作为管理器工具，在用户中的满意度相对最高。

寻找对手

每一个营销方案都需要针对一个对手。如果"牛顿"是一个"PDA"，则没有对手。它没有品类，也没有生意。

如果是作为一种"管理器"，"牛顿"就拥有大量竞品，尤其是夏普的 Wizard。

电子管理器这种产品市场巨大。1994 年，相较于个人数字助理的 12 万台销量，电子管理器卖出了 1000 多万台，其中，夏普占据了 60% 的市场份额。

开创细分品类

通常来说，最佳做法不是创造出一个全新品类，而是对既有品类进行细分。这种方法能迅速地、很容易地进入消费者的心智——天腾（Tandem）公司推出的"容错型计算机"和奥维尔·瑞登贝克（Orville Redenbacher）公司推出的"美食家爆米花"就是这样的例子。

苹果公司显而易见的策略就是把"牛顿"重新定位成"终极管理器"。

我们在《商战》一书中把这种定位方法称为"高端侧翼战"。

实际上，"牛顿"的高价有利于建立该种定位。从本质上来说，就是在既有品类中开创高价位的细分品类。万宝龙在笔品类、劳力士在表品类、奔驰在汽车品类上，也都是这样做的。

另外，"牛顿"采用手写笔作为输入方式，而不是用按键很小、很难按的键盘输入，这本身也能说明它比传统的管理器有了巨大的进步。

承认过错

如果一个新产品被归入了错误的品类，而你不得不对此纠正，那最好的方法是尽可能坦诚地面对消费者。

要承认自己对产品的品类产生了误判。如果你这么做，你的目标顾客会更愿意接受你对产品的重新定位。

苹果公司如果能打出这样一则广告，肯定能引起大量关注："不经意间，我们让 Wizard 过时了。"

这则广告会比"'牛顿'是什么？"卖出更多产品。

负面含义的品类名

你必须小心，避免选用一个有负面含义的品类名。

电视技术一直在进步，现在有一种叫作"多点微波传导系统"的技术，简称为 MMDS。我们不在这里探讨技术细节，只是想告诉大家，这是一种由发射台向各家各户屋顶上的天线发送信号的技术。通过这些信号，大家可以收到大多数有线电视频道。电视画面很清晰，而且不需要通过电缆在各家各户之间绕来绕去。

可是，由于名称很长，这种技术有了一个非官方的品类名："没有线的有线电视"（wireless cable）。对许多人来说，"没有线"这个词意味着"方便"，而不是"更好"（有线电话就比无线电话的效果好）。

那么问题就来了，这种技术被认知为"穷人的有线电视"。换言之，它比不上真正的有线电视。

名字的负面含义很难去除，除非更换一个新的品类名，否则未来的成功希望渺茫。

构思一个新品类

构思一个新品类往往是很棘手的工作，当你面对这个问题的时候，你应该首先试着分析一下新产品的工作原理，然后尽量用这些原理来命名。当汽车诞生时，它被命名为"不用马拉的马车"（这就是对其工作方式的简单描述）。"有线电视"也是对其工作原理的准确描述。

现在我们所讨论的产品是一个将视频信号的电波传送到小型天线的产品。这个产品显而易见的品类名应该叫"视频波电视"（videowave television），或者简称为"VTV"。

这个名字就比"MMDS"或"没有线的有线电视"好很多，尤其是考虑到该公司的名字叫"视创"（Videotron）。这下你明白了吧？"视创视频波电视"（Videotron Videowave Television）这个名字简洁易记（请参见第 15 章对名字的阐述）。

（多说一句，如果你住的社区已经接通了视频波，就去安装吧，它确实有一些很棒的优点。）

目标市场越大越好

当你对自己的业务进行定义的时候，应尽可能用最广的角度来呈现它，这样给人的印象会更加深刻。既然你要在顾客心智中占据一个概念，那就要找一个尽可能大的概念。

有一个案例来自硅图公司（Silicon Graphics），这是我多年前曾去硅谷拜访过的一家企业。

像许多其他公司一样，这家公司面临的问题也是如何定义自己的产品。它研发出一种命名为"三维计算"的技术。这项技术很有难度，因为它需要先进的计算机芯片来处理图像，而不是像普通计算机那样处理数字或文字。而且，它要想办法让图像动起来，从而在计算机显示器上营造真实感。其背后是独特的"几何引擎"技术，进行所必需的复杂的数学计算。

但最为困难的是，它还必须开发出复杂的软件工具，以支持三维应用的开发。首批忠实客户来自好莱坞，他们用硅图公司的设备来制作夸张的视觉特效。除此之外，这个产品在诸如实验室模拟分析交通事故、飞行员在地面上模拟飞行、工程师对产品进行模拟实验等领域都大有可为。

它已经有了一个很大的业务概念，不过，可以更大一些吗？

"视觉计算"公司

有趣的是，在分析它的产品的时候，我们发现它独一无二的技术可以使计算机实时呈现图形的颜色、移动和三维形态。

从最广义的角度来说，它的业务是"视觉计算"。正如文字处理器对输入的文字进行编辑一样，它的产品用于处理图像，它是这个领域的开拓者。

随着产品价格的降低，我们可以预见，它在诸如多桌面排版、包装设计、制造和多媒体等许多方面的应用有着巨大前景（那时候它正在钻研"视频点播"技术，而这可能是"视觉计算"的终极难题）。

这个新的定义，是把"三维计算"作为信任状，而把"视觉计算"作为它更广泛的业务。经过重新定义品类，如今的硅图公司肯定比之前的"三维计算"时代大很多。

"联络软件"公司

在为品类命名这件事上，我们遇到的最有趣的案例，可能就是"指挥家软件"公司（Conductor Software）的故事。

帕特·沙利文（Pat Sullivan）是这家公司的首席执行官。1988年的某一天，他和同事来拜访我们，这时我们才知道，原来他们的软件不是为音乐家设计的，而是给销售人员使用的。

他们把这个产品命名为 ACT，表示这是一种"商业活动管理器"。彼时，莲花软件公司正在推广 PIM，也就是"个人信息管理器"。

他们不确定应该将自己的产品归于哪一类，而且他们的年销售额不足 100 万美元，这说明卖得不太好。

事实上，他们的产品是一种帮助销售人员管理大量联络人的软件，所以他们是一家"领先的联络人管理器软件公司"。

公司改名了

既然他们对自己的产品有了更好的理解，那么他们对业务发展也就更有把握了。指挥家软件公司更名为"国际联络软件公司"（Contact Software International）后，业务开始腾飞。

这家公司和大型笔记本计算机生产商进行捆绑销售，很快它的产品成为热门的笔记本计算机软件（毕竟，销售人员都喜欢用笔记本计算机）。

截至 1993 年，公司的销售额已经跃升到 2000 万美元。一切都进展得如此顺利，于是帕特·沙利文干脆将公司出售，回报高达4700 万美元。

这真是非常不错的结局，毕竟在 5 年前，这家公司甚至还不知道自己卖的是什么东西。

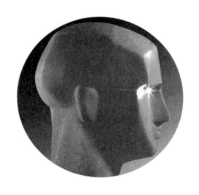

第 18 章

市场调研有陷阱

看到本章标题，你可能有个疑问："难道本书作者不相信市场调研？"

我们只部分相信。

我们相信某些类型的市场调研。但我们也认为，不要被各种数据迷惑，不要相信你的顾客会给你答案，而是要相信你自己的市场直觉。为了帮助读者更好理解，让我们用军事做类比，来回顾我们在《商战》中的一些观点。

军事战争和商业战争之间有许多相似之处。

在商战中，市场是战场，竞争对手是敌人。商战的目标是争夺消费者的心智，而媒体就是我们的武器。

市场调研就是收集"情报"

在商战中，收集情报被称为"市场调研"。

优秀的军事家通常不会轻易相信收集到的情报（理应如此），许多营销战略家也是如此。

我们的英雄、著名的军事历史学家克劳塞维茨提出这样的观点：战争中得到的情报很大一部分是相互矛盾的，更多的是假的，而绝大部分是相当值得怀疑的。

可以这么说，我们不能全靠情报，但又离不开情报。

但无论情报的本质如何令人困扰，情报收集的范围在不断扩大。通用汽车、柯达、摩托罗拉等公司都成立了正式的情报部门来监督情报工作。很多其他公司已经把"商业情报"和"竞争者分析"作为战略规划过程中的关键部分。

美国排名前 50 名的调研机构总花费 41 亿美元，其中美国国外占到 38%。

这些情报工作正随着竞争压力的增加而增多。

根本的悖论

这一切可能都源于人类行为的基本矛盾。当世界越发不可预测时，我们就越会寻求并依赖预测去决定我们的行动（《加利福尼亚管理评论》(*California Management Review*) 在题为"管理与魔术"的具有里程碑意义的文章中提出了这一观点）。

公司制定战略时假设竞争不存在的时代早已一去不复返。战略制定者也已不能单靠钻研数字或迷信定量模型，却忽视那些正准备和你争夺市场份额的人们（20 世纪 90 年代初，许多市场陷入停滞，竞争升级，使那些华而不实的战略规划瞬间变得一文不值）。那么营销战略家该怎么做呢？如何运用情报来制定最有效的战略决策呢？

这里给你们一些建议。

研究你的竞争对手

你认为第一批愿意花费 1950 美元购买一份 200 页的针对西尔斯公司金融服务业务的研究报告的人是谁？

答案是花旗银行、美国银行、保诚集团和通用信贷。

它们只是注意到了关于营销情报的最重要的一句格言：研究你的竞争对手。

如今，一份战略规划看起来更像一份对付敌人的作战计划。它会仔细剖析每个参与者在当前和未来市场中的位置，包括从生产成本和技术到分销渠道的方方面面。

如今的作战计划要列清楚对手的强势和弱势，以及采取什么行动来利用他们的弱点和防御他们的优势。你总能获取商业对手的规划。商业调研专家和《新竞争对手情报》（*The New Competitor Intelligence*）作者伦纳德·福尔德（Leonard Fuld）说，情报的最基本原则是"只要有金钱交易的地方，就能发现信息"。

深入研究你的竞争对手

一份终极营销规划甚至包含竞争对手主要营销人员的详细介绍，包括他们惯用的战术和作战方式（这和二战期间德国人针对盟军指挥官定制的档案完全一样）。

好莱坞也喜欢这样的好剧本，所以在一部关于巴顿将军的电影中⊖，巴顿谈论隆美尔（在一场激烈的战斗后）时说："我读过你的书，你这个混蛋。"⊜

⊖ 1970 年的影片《巴顿将军》。——译者注
⊜ 网上普遍认为此处指出版于 1937 年的《步兵攻击》（*Infantry Attacks*）一书。此书是二战时德国著名将领隆美尔根据自己在第一次世界大战中的亲身经历写成，对每一场参加的战斗都进行了细致的描述。此处电影中的场景为巴顿将军在研读隆美尔的著作后，最终在突尼斯的一场经典坦克之战中击败了他，巴顿在指挥所看到眼前的胜利，喜悦地喊道："隆美尔，你这个大混蛋，我读过你的书。"——译者注

和战争中的国家一样，公司也有自己的文化，领导者都有各自的风格。你要思考，你的竞争对手的领导者是大胆的还是保守的，他们对竞争行动会如何应对呢？

克劳塞维茨说："从敌人所处位置的特点中，我们可以判断他的行动计划。"

不要迷信数据

在这个传播过度的社会中，问题不在于缺乏信息，而是有太多原始数据。

在规模可达数十亿美元的市场调研行业，需要警惕的陷阱之一是，调研者往往是通过庞大的数据量而获得更多收入，因此他们不会简化信息。

所以我们需要过滤掉多余信息，聚焦在最重要部分。通常，重要信息在所有信息中只占据不到 5% 的比例。这里有两个真实的故事。

场景一：宝洁公司品牌经理的办公室。我们在给他们最大的一个品牌做战略咨询。我们提出一个简单的问题：你们有市场调研吗？他们的回答让我们感到惊讶："市场调研？我们的计算机里全是调研资料，你们想怎么用？事实上，我们有太多调研信息，不知道该如何处理。"

　　场景二：美国中西部一家有 300 个床位的医院的研究档案室。调研资料多到让人不知所措，包括知名度调查、雇员调查、雇主调查、雇员医生调查、不结盟医生调查、新病人调查、老病人调查、新服务调查和扩展研究。（你不会好奇他们是否还有多余的营销费用来做真正有价值的事情吗？）

　　洪水般的数据不应该冲散你的常识和你对市场的感觉。

　　记住，一时的流行有时也会伪装成数据。根据 1980 年的一项市场预测，到 1985 年，美国所有家庭中有 5% 的家庭将会热衷于使用视频图文（Videotext）[⊖]。但是 Videotext 只流行了一段时间，奈特瑞德公司（Knight-Ridder）花费 6000 万美元搭建服务终端，还未盈利就宣告失败。

不要迷信焦点小组

　　焦点小组是商业调研中最常用也最容易误用的工具之一。让一屋子陌生人随意发表观点来左右你的商业战略恐怕是灾难性的。

　　首先，整个过程被扭曲了。你是否想过为何使用"焦点"这个词？这个词在 20 世纪 60 年代最早被使用时，是指接下来的调研要聚焦在一个主题上。没错，这只是第一步。

　　⊖　Videotext，一种交互式服务，为用户提供文字或图片信息的传递，使信息可以显示在电视机上。——译者注

而如今，许多公司并没有花时间对真实的目标受众样本进行定量研究，而只是根据焦点小组的一小群人不加思考而提出的观点来制定行动方针。

其次，这个过程将偶尔的旁观者当成了营销专家。

普通人除了对金钱、性、绯闻和体重，对任何其他事情都不会想得太深入。普通人一生中甚至不会花 10 分钟思考关于牙膏的问题，更不要说在一场关于"牙膏"的 2 小时焦点小组讨论中深入思考。在焦点小组讨论中，你是在要求参与者用不同于日常思维的方式形成意见。

你让这些人来当一天的市场营销经理，他们会极其高兴地告诉你如何经营业务。问题在于，你应该让他们这样做吗？

焦点小组是个火药桶

焦点小组像个火药桶一样会爆炸，把你引入错误的方向。

在小组中让女性讨论美容产品，她们通常不会带入自己的真实情感。相反，她们只会告诉你她们认为你想要听的话。让男人谈论汽车也是如此。

让人们评价你的战略或广告，他们只会夸大他们的动机、需求和他们的理解。

焦点小组有时候无法反映消费者的真正行为。有一家大型包装食品公司计划推出一款针对儿童的挤出式浓缩软饮料，他们召开焦点小组讨论来观察孩子们的反应。在小组会议中，孩子们把饮料干干净净地注入杯子。但是一回到家里，这些小恶魔就忍不住把五颜六色的液体撒得到处都是。在家长的抱怨声中，这种产品不得不下架。

不要迷信试销

试销往往是一种悖论。试销的目的是想预测产品的销量，但结果又常常被市场中不可预见的事件扭曲。金宝汤公司花费 18 个月研发出一款名为"Juiceworks"的混合果汁，然而产品上市时，市场上早已存在三款来自竞品的同类产品，最终金宝汤公司放弃了这种产品（它可能忘记了"研究竞争对手"）。

水晶百事可乐（Crystal Pepsi）试销时，迅速拥有了 4% 的市场份额，作为一个成功的商品受到商业媒体热烈追捧。可是随后的几个月，该产品的市场份额暴跌至 1%。原因在于百事的营销人员没有将好奇心这个因素考虑在内。消费者一开始对这种透明可乐怀有好奇，但很快就觉得还是棕色可乐味道更好（这并不奇怪）。

不要相信他们说的每一句话

调研人员或许会承诺调研可以揭示人们的态度，但态度并不能可靠地预测人的行为。人们总是言行不一。

40 年前杜邦公司做过一次研究，调研人员在去超市的路上调研了 5000 名妇女，询问她们的采购计划。

如果你根据这些调研结果去银行贷款，那你早就负债累累了。

怎么回事呢？原来，随后调研人员在这些妇女离开超市时再一次检了她们的采购商品。根据她们计划采购的产品类别，只有 30% 的人购买了她们计划采购的品牌，70% 的人则购买了其他品牌。

还有一个经典的案例，施乐公司在推出普通纸复印机前做了一次调研。结果表明，如果能花 1.5 美分用热敏纸复印，没有人愿意花 5 美分来用普通纸复印。

最终施乐公司忽略了这次调研，而结果大获成功。

获取心智快照

你真正需要的是获取顾客心智中已有认知的快照，无须深度思考，也不用顾客提建议。

你要获取的，是你和竞争对手在目标顾客心智中的认知上的优势和弱点。

我们最喜爱的调研模式是列出某一产品品类的相关基本特性，随后让顾客对这些特性从 1 ～ 10 进行打分。每一项打分时会把所有竞争者放在一起让顾客比较着进行，这么做的目的是看清各自在这个品类中占据什么概念。⊖

以牙膏为例，这类产品可能有 6 个特性：防蛀、味道、美白、清新口气、天然成分和先进技术。佳洁士占据防蛀，爱姆

⊖　关于这个方法，可以参见《定位》第 18 章中的案例。——译者注

（Aim）占据味道，超白（UltraBrite）占据美白，皓清占据清新口气。近来，汤姆（Tom's of Maine）抢占了天然成分，而美达净（Mentadent）则借助碳酸氢钠和过氧化氢漂白技术成为牙膏品类的主要选手。

每个品牌都占据了一个特性。

诀窍在于，你要事先想清楚可以在顾客心智中占据哪一个特性。市场调研的作用，是引导你画出顾客心智地图，让你避开竞争对手占据的概念。

看清战争的走势

有一个关于醉汉、路灯柱和营销人的故事。

醉汉会把路灯柱当支撑物，而不是用作照明。那么营销人会把市场调研用作什么呢？

调研的目的是看清市场状况，而不是用于支撑一时的想法，当然更不能完美地解决你的问题。

著名历史学家芭芭拉·塔奇曼（Barbara Tuchman）说过：

> 大多数人不愿相信和他们的计划不符或与他们的预先安排相背离的情况。所有情报的缺陷是，它们不过是解读者的判断而已，而这些判断是由一堆个人的、社会的、财务的和政治上的偏见，先入为主的判断以及一厢情愿的想法构成。

对于营销人来说，如今最艰难的任务之一是要看清战局走势，而不只是关注过往的历程。

克劳塞维茨说："职位越高，气魄越少。"

有魄力的营销人应该摆脱对调研和情报的错误偏见。

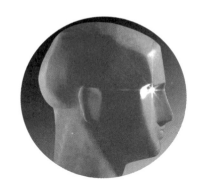

第 19 章
公关的定位力量

THE
NEW
POSITIONING

如今，美国的公司在公关方面的投入已超过 10 亿美元。

这不是一笔小钱。然而，大部分的公关都没有融入定位战略。这些公关只是让品牌"名字出现在媒体上"，其衡量的准则是像买碎肝肉一样按重量计算。

发布量的陷阱

公关的好坏很难衡量，最为广泛接受的方式是按重量评估。公关剪报被收集起来提交给管理者，录音带和录像带被编辑成长卷。内容基本无关紧要，"量"才是首要的。

幸运的是，管理层对此尚未给予足够的重视。只要公关报告在重量上达到了他们的预期，那么这份工作就被视为"干得不错"。

但是，如果每一次媒体报道都注重支持和强调定位，那么这一份公关报告就可以变得重量很轻但成效显著。

公关融入定位

定位在广告界获得了高度认可，接下来很有可能定位会在公关中发挥更大作用。

原因显而易见。定位本质上是一种"针对性"战略。也就是说，你通常会针对另一家公司或品牌为你的公司或品牌定位。

每一位编辑都知道，"你是什么"不会成为新闻，"你反对什么"才可以制造出新闻。拉尔夫·纳德（Ralph Nader）[⊖]的成名不是因为他提倡更安全的汽车，而是因为他单枪匹马叫板世界上最大的公司[⊜]。不幸的是，对于纳德来说，他几乎反对一切，他的行为变得可以预见，这就丧失了他的新闻价值，不再受到人们的关注。

对纳德先生来说这是个坏消息，正如资深新闻人丹尼尔·肖尔（Daniel Schorr）所言："在这个大众传播的社会中，如果你不能在媒体上出现，实际上你就不存在。"

针对某一个概念或观念（不一定是针对另一家公司）的行为，可以被转化为媒体宣传。编辑鼓励争议，读者和观众也乐意看。争议是让你的定位信息注入消费者心智的工具，你应该大胆地利用它。广告大师大卫·奥格尔威曾说："普通文章的阅读量大约是普通广告的阅读量的 6 倍。编辑传达信息的能力比广告人还强。"

需要营销目标

过去，从市场营销的角度来看，许多公关项目没有效果。原因很简单，在公关中，你无法控制媒体会怎么写你或怎么说你，导致公关缺乏方向的指引。一位资深公关人士说："广告可以花钱买，公关只能祈求好运。"

定位可以为公关提供一些原则，从而让公关的效果发生翻天覆地的变化。

⊖ 拉尔夫·纳德，出生于 1934 年 2 月 27 日，美国政治活动家、律师、作家，现代消费者权益之父，曾催生汽车召回制度。——译者注

⊜ 通用汽车。——译者注

为了在公关中发挥定位的力量，必须把重心从"在报纸上看到品牌名字"转移到实现市场营销目标上（许多大公司并不需要更多的媒体曝光，它们需要数量更少但是指向明确的媒体曝光）。

在公关中，"匿名"是一种资源，它很容易被过度曝光浪费掉。相比老公司的知名产品，一家不知名公司的不知名产品能从公关中获得更多的好处。

有人曾说："你只有一次机会给人留下美好的第一印象，不可能有第二次。"

公关就像是吃饭，一顿过于丰盛的大餐会破坏人的食欲，而不成熟的专题报道或方向错误的电视露面也会扼杀产品的公关潜力。

公关先行，广告第二

没有计划的、时机不当的媒体曝光会损耗新产品或新概念的公关潜力。

大原则应该是：公关先行，广告第二（公关播种，广告收获）。

事实上，广告无法点火，它只能在火点燃之后起到煽动作用。这个从无到有的点火过程，需要第三方背书带来合法性。

比如你向技术宅邻居咨询该买哪种计算机。他的建议比你看到的任何广告都更有分量，因为他的话是"客观的"（他没有任何个人利益在里面）。

一家公司若把定位作为广告的根本战略，合理的做法是也应该在公关中运用定位战略，尤其是因为公关要先于广告。

塞缪尔·亚当斯啤酒公司（Samuel Adams）规模很小，负担不起高昂的广告费，但它把自己定位为一个本地的高品质啤酒酿造商。它在波士顿啤酒风味比赛中夺冠，后来又在丹佛举办的全国啤酒风味比赛中获胜，一路获得很多公关。

这些信任状和第三方的背书给它带来了丰厚的回报。现在，塞缪尔·亚当斯啤酒公司的广告预算已达数百万美元，这一切都是以公关开始。

然而在多数情况下，情况并非如此，广告公司和公关公司会把对方视为竞争对手——争夺客户的眼球和预算。企业内部的广告部和公关部也是这种竞争关系。

这种内斗侵蚀了许多公司宣传项目和产品宣传项目的威力。广告播出得太快，扼杀了公关的潜力。此外，公关也没有融入定位概念，无法为广告建立可资利用的基础。

我们需要对广告和公关的规划从根本上做出变革。公关和广告项目应该按时间性有序展开，而不是按空间性胡乱展开。

快速引爆与缓慢积累

在空间性项目中，各个组成部分同时启动，但分布在不同的空间（公关、广告、促销等）。大多数项目都运用这样的典型模式，可以称为快速引爆。

但尘埃散去后，第一波发布的新鲜感消失殆尽，一切如故，消费者的态度和以前没有什么区别。

在时间性项目中，各个组成部分在一段时间内慢慢展开。这样做的优势在于，这些组成部分可以互相配合、彼此强化。这种缓慢积累的方式能使消费者的心智发生巨大变化。

大多数空间性项目的麻烦在于原地踏步。各个组成部分没有慢慢展开的过程，毫无戏剧性，缺乏"下一个节目是什么"的兴奋感，没有高潮。

这就是为什么新年伊始通常标志着又一个新的空间性项目的开始，带来了新的目标、新的战略和新的广告主题。

这种一年一换的策略，与优秀的定位战略背道而驰。定位的成功需要"一致性"，这比什么都重要。你必须坚持定位，年复一年，始终如一。

时间性项目就可以帮助你实现"一致性"。这个慢慢积累定位概念或观念的过程，为公关潜力的全面释放提供了充足的时间。

莲花发展公司的时间性项目

我们在本书第 8 章中分析过莲花发展公司的重新定位项目，这是一个经典的"公关先行，广告第二"的案例。

通过几个月时间，媒体将"群组软件"确立为一项伟大的技术发明，而 Notes 软件的成功证明了它的日益重要性。回顾一下一些商业媒体的新闻标题，就能很好地证明这一点：

《华尔街日报》："莲花发展公司凭借 Notes 续写成功。公司重视的不算新鲜的群组软件终于流行起来了。"

《财富》："群组软件可以让一家公司的每个员工统一行动。"

《商业周刊》："莲花发展公司的 Notes 广受关注。用户称赞'群组软件'，竞争者争相追赶。"

《信息周刊》："群组思维成为主流。微软公司和WordPerfect 向 Notes 低头，莲花发展公司正得意。"

《财富》："为何微软公司阻止不了莲花 Notes ？"

而 Notes 的广告直到 1994 年才真正开始，那时它的公关已经开始两年了。公关点燃了火焰，开启了重新定位的历程。

无佣金的共同基金 vs. 有佣金的共同基金

在美国，一场被称为"共同基金战争"的营销战可能鲜为人知。它是证券经纪人出售的基金（有佣金的基金）和通过广告宣传直接售出的基金（无佣金的基金）之间的战争。

我们代表证券经纪人一方入场。参加第一次会议之前，我们就已经洞察到了问题所在。简而言之，他们容许了"有佣金"和"无佣金"这两种对立术语进入心智。

这就迅速把道德高地让给了无佣金基金。

为证券经纪人收取佣金进行辩护，会被理解为企图将不必要的或过高的费用合理化。如果被这么认知，那是很被动的。潜在投资者更愿意相信自己可以免费购买共同基金。

转变问题

证券经纪人出售的基金的唯一可行的战略是细分市场和转变问题。我们把这称为"缩小焦点"战略。

诀窍就在于，利用好积极主动、自己动手操作的投资人和被动的、自己没有把握的投资人之间的差异。

证券经纪人可以把积极主动型投资人让给无佣金的共同基金，全力开创被动型投资人作为自己的最佳目标顾客。

因此，战略就变成：

在共同基金中，问题不在于有佣金还是无佣金；

在共同基金中，问题在于有帮助还是无帮助。

关键在于我们需要承认有些人不需要太多帮助。他们有时间也有足够的知识和兴趣从 4000 只基金中做出选择。

但其他人则确实需要经纪人帮助他们分析历史收益、追踪投资趋势，以及帮助他们解决个人投资需求。

简短而言：证券经纪人销售的共同基金是可以提供帮助的。

需要第三方信任状

这个定位项目需要强势公关来树立"帮助"战略。因此，集团首先设立了一个"共同基金论坛"，目的是利用公关更好地让公众投资者意识到"有帮助"与"无帮助"的问题。

早期的结果证明了定位引领下的公关项目的威力：

《金融规划》："共同基金的投资既简单又非常需要经验。到了该给投资人一些帮助的时候了。"

《国家承销商》："新机构项目的目标是澄清越来越复杂的共同基金市场。"

《纽约新闻日》："金融顾问和规划师能够帮助那些没有时间和知识的人从市场上的 5000 只基金中做出选择。"

《底特律新闻》："合格的金融顾问开始把精通市场变化、证券投资组合和不断变化的客户需求作为全职工作。"

《波士顿先驱报》："我们认为有佣金基金和无佣金基金确实没有太大区别，但我们认为真正的问题是投资人是需要帮助还是不需要帮助。"

如你所见，证券经纪人开始从媒体上获得"帮助"了。

媒体夺回光环

第三方背书得不到终身担保。媒体能给予光环，也能将其夺回。

想想趾高气昂的英特尔公司吧，它曾是媒体、商学院、金融界和计算机界的宠儿，并且还是一个投放量庞大的广告客户。

英特尔公司对存在缺陷的奔腾芯片的不可思议的傲慢回复，把一个技术问题变成了一个公关噩梦。

它是如何犯下这个错误的呢？最初，英特尔公司否认这个问题的存在。面对无可辩驳的证据表明问题确实存在时，它仍未重视事件的重要性。随后，其广受赞誉的首席执行官声称，没有人向他汇报过事态的严重程度。

最终，他们不情愿地同意更换所有的问题芯片。但这有点晚了。

新闻界大肆抨击了一度神圣的英特尔公司。首先是行业媒体，然后是科学媒体，之后是商业和金融媒体，最后是全国性主流消费者媒体（通常，这个报道顺序正是企业逐步建立定位的公关宣传所需要的）。

后来，英特尔公司悄无声息地降低了奔腾芯片的价格。

得到的教训是什么呢？①在媒体面前，你的地位从来就不是神圣不可侵犯的；②每个人都喜欢看到那些大公司栽跟头。

不要不重视你的声誉、责任或公信力。如果你滥用这些光环，你就会失去它们。

另一方面……

如果能够了解到危机的现实情况与严重性，迅速管控并果断行动，你就可以调动媒体（以及其他方）站在你这一边。

想想下面这次大规模产品召回解决的潜在危害。1993 年夏天，土星（Saturn）汽车召回了 40 万辆车，这几乎是土星生产的全部车辆。土星汽车需要修理一条存在故障的线路，这条线路可能造成短路并引起引擎着火。公司为这次维修花费了超过 1100 万美元，维修费不需要车主支付，公司主动召回这批汽车的处理方案非常精准和明智。

为了减少对于刚刚起步的土星公司形象所生产的损害，公司高管也竞相出现在电视上为公众解释这一问题。公司授权经销商为车主提供食品、茶点、暂借车辆、免费乘车服务，甚至为无法到经销点的车主提供免费上门维修服务。

事实上，这次闪电般的召回行动还提升了顾客满意度，成为土星品牌之所以有存在价值的理由之一。

因此，如果你滥用这些光环，你就会失去它们。

但如果你细心呵护，你就能留住它们。

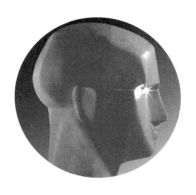

第 20 章

六大定位陷阱

在《定位》出版后的近 15 年间，我目睹了很多企业尽管有着完美的商业计划但仍走错路。因此在本书中，我认为值得花一些时间与篇幅探讨一下，在发展与实施一个定位战略的过程中，企业容易在哪些地方走错路。

以下六大定位陷阱是导致许多定位战略失败的关键。

1. 不够显而易见

大多数定位概念都是显而易见的。事实上，我们经常说，定位的过程就是寻找到那个显而易见的概念。企业内部认为显而易见的概念一般在顾客与潜在顾客心智中也是显而易见的。

可口可乐最显而易见的定位即"正宗货"。它开创了可乐这个品类，这一点让所有其他可乐都看起来像是赝品。因此，可口可乐应该一直将这个显而易见的定位坚定地使用下去。它在广告中打的"永远喝可口可乐"只不过是企业一厢情愿的想法。实际上，从超市的销售份额来看，已有一半是"永远喝百事可乐"。

为何可口可乐老是偏离这个显而易见的战略呢？因为很遗憾的是，营销人往往认为显而易见的定位都过于简单，不足以显示聪明。另外，由于显而易见的定位概念往往在企业用了很长时间，他们容易感觉乏味，认为它们是"过时货"。

毕马威会计师事务所非常清楚自己的全球领导者地位，却从未将其视为一个定位战略。这是个多么显而易见的定位啊！

2. 执着未来

很多强大的定位概念都败给了"未来"。

换句话说，企业虽然看到了一个定位战略在当前的价值，但是它们没有把握它未来会一直适用。它们想要的定位概念，要能够容纳适用于未来但尚未成形的计划。

我曾经面对一屋子施乐公司的技术管理人员，指出激光打印在未来会有很大的发展前景。"激光复印术"是施乐公司继"静电复印术"之后的新定位。

在我陈述完后，一些高级工程师起身指出，激光打印是个老概念了，他们在激光打印技术上已经研究了那么多年。他们需要的是一个能够兼顾当下与未来的概念。我礼貌地询问什么是适合未来的，他们自豪地回答："离子沉淀。"

当时我所能说的就是："现在让我们先推广'激光复印术'。等你们准备好后，我们再来做'离子复印术'。"（他们不以为然，认为我自作聪明。至此，我也不再是这家企业的战略顾问。）

找到当前的成功之道是你必须担心的首要问题。只有解决了这个问题，你才能赚到钱，才有机会去投资未来。

有一句豪言壮语我听得非常多："我不想只做细分市场。我要对自己未来的选择保持开放。"

相信我，如果你的业务不能在消费者的心智中占据小小的一席之地，你未来的选择将十分有限。

3. 矫揉造作

定位的描述忌矫揉造作，应简单明了。最痛苦的事，莫过于看到一家企业在确定战略后形成了一句简洁的定位描述，然后让某些创意人士改得矫揉造作。

强大的定位概念都简单明了，直白而不矫揉造作。

大众汽车"想想小车"（Think Small）的定位单刀直入。

沃尔沃汽车"安全驾驶"（Drive Safely）的定位简单直接。

安飞士租车公司著名的"我们是第二"广告，曾经被誉为"创意突破"，如今看来这些话就像是直接取材于商业计划书："安飞士在租车业只是第二，那为什么还找我们？因为我们工作更努力。"（Avis is No. 2 in rent-a-cars. So why go with us? We try harder.）

赫兹租车公司现在的广告主题同样直白而精彩："在租车业，赫兹的体验，别人做不到。"（In rent-a-cars, there's Hertz and not exactly.）

简单明了正应如此。

我曾经在为一家银行制定战略时，发现它是小型企业贷款领域的领导者。大多数贷款都被用作美国新移民的创业启动资金。这些人怀揣着"美国梦"，渴望成功。

我提出的定位战略简单直接：这家银行是"美国梦的摇篮"（the home of the American dream）。

这个概念被大家所认可，并交于一家广告公司去执行。当我再次看到它时，这句话被改成了："我们为您的梦想提供银行服务。"（We bank on your dreams.）

看起来挺好，但是意思全变了。

4. 英雄情结

英雄情结是定位战略中的一个大问题，尤其是在大公司中，很多人希望自己能让 CEO 另眼相看。

这些人在衡量每个决策时先考虑自身再考虑企业。他们通常会问自己这样的问题：这些决策能让我大放异彩吗？我可以借此赢得声誉吗？如果决策失误，我会丢人现眼吗？

此类态度反映出我所谓的"由内而外的思维"，这些人的决策往往基于组织内部的考虑。而想要定位成功，就必须要有"由外而内的思维"。换而言之，根据企业外部的市场环境制定决策。

正如管理学大师彼得·德鲁克所说："我的业务是什么？对于这个问题，你只能站在企业的外部看企业，从顾客与市场的角度来回答。"

怀揣英雄情结的人往往主观，而优秀的营销人才一向客观。

主观的决策往往糟糕至极，因为都是一厢情愿的想法，完全脱离实际。此处有一些建议教大家如何识别这些有英雄情结的人，以及如何在他们影响你的计划之前进行规避。

这些人通常分为两类。

新官上任类

当有 CEO 或部门主管新官上任时，他们多半是有"英雄情结"的人。很显然，他们对上任前企业的任何决策都表示怀疑。

我无法告诉你有多少定位计划被他们否决，因为他们为了让自己"出风头"，只希望用自己的方法解决问题。

在你提交完战略方案后他们提出的问题通常是最好的提示，这些提示可以帮助你识别此类人。如果你听到类似"你做过调研吗"或者"你还有其他想法吗"的问题，你的方案可能会遇到麻烦。

你唯一规避此类陷阱的机会就是不要推销自己的方案。事实上，我甚至建议你通过暗示前任主管的不接受来故意贬低自己的战略。如此一来，你就可以为新主管提供一次成为英雄的机会，让他从你的战略中找到被其他人忽略的亮点。

力争上游类

当你专注于品牌的工作时，突然某位高管将一份战略计划拿到你的办公室。此时你可能将要面对一位"力争上游"类的人。

此类人很有可能有着"英雄情结"，他们需要通过高调的举动获得升迁，因此会抛给你一个"不同凡响的想法"。这些由内而外思维的想法，往往都比较糟糕。因此，你要小心此类的"贡献"。它们可能会是引燃的手榴弹，在你面前爆炸。

诀窍是想办法在他们引起破坏之前解除他们的"武装"。方法之一是引入外部人员评估高管的战略。这样一来，你就能脱离危险（力争上游类的人往往非常反感下属对其方案的不认同）。

我们在为美国最大的包装产品公司之一评估战略问题时也遇到了同样的状况。我们在过程中提出了建议，并否定了一位高管的想法。之后此事再未被提及。

不幸的是，这个故事并没有一个好结局。品牌经理将我们的提案做成录像带并分发至全公司，而在大庭广众之下遭到否定很可能让这位高管无比尴尬。

那位品牌经理的电话再也打不通了，从此失去了联系。那盒录像带在他面前爆炸了。

5. 纠结数字

如果你依靠数字而生存，最终会被数字害死。

华尔街⊖给有效营销制造障碍。华尔街关注短期盈利，迫使企业为了维持营收与利润的不断增长，最终自我伤害。

定位是一个长期而非短期的过程，它需要时间与金钱的投入。如果你不把这些因素考虑在内，就难以成功。

我曾经参加过美国某著名医药公司的部门会议，没有比它更能说明上述道理的例子了。我的任务就是在几天的会议中听营销人员汇报下一年的营销计划，我时不时插嘴点评，或问一些看似愚蠢但很显然的问题。

一位精明的年轻人起身并陈述了营收增长 15% 的目标。但几乎同时，他也谈到会有新的竞争对手加入，竞争局面会很艰难。

我就直接打断了他，问他如何在那样的竞争环境中保证营收的增长。他的回答是扩展产品线、推出新口味以及小改造。

当我进一步询问他具体措施时，他坦言，营收增长的目标数字

⊖　指资本市场。——译者注

是不切实际的。这是他上司的上司强迫他加到营销计划之中的数字（我开始看到了华尔街的影子）。

在我"惹事"的三周后，我接到了那位年轻人上司的上司的电话，他要参加一场类似的会议。我也去参加了，听到了同样的内容，但这次他把我拉到一边并轻声解释，所有的这些数字都来自他的上司——该企业的CEO（现在我知道了，这就是华尔街的影响）。

营销是基于现实的活动，你不能让有人要你赚多少钱来影响你的决策。每年都实现增长并不实际。有时候，在激烈的竞争环境中，保持不亏损已是很大的成功。

不断推出多品种产品以刺激销售额，只会让货架凌乱不堪，并且让拥有货架空间的零售商掌握主动权（想象一下普通超市的感冒药货架，品种如此之多，你甚至找不到你想要的那个产品）。

无止境地扩展产品线虽然增加了营收，但是模糊了顾客对品牌的认知，为专家品牌提供了进攻机会。啤酒行业有常规啤酒、淡啤、生啤、干啤和现在的冰啤，这么多品种，难怪只有微型啤酒厂实现了销售的增长。

定位战略有序实施了，财务数字有所改善是自然的结果。但你需要一些耐心。

6. 盲目改进

盲目改进是通往混乱之路。

我在商界这么多年，从未见过一位营销人员会在接手新的任务后，左顾右盼一番，然后说道："一切都非常好，我们什么都不用动。"

恰恰相反，所有精力充沛的营销人员都希望参与其中并开始改进。他们希望有所作为，保持现状会让他们感觉不安。

当一个企业有众多的营销人员时，可以预计它会不断对品牌进行盲目改进，这样它才不会无聊。

普瑞尔洗发水（Prell Shampoo）的营销人员说："为什么我们不在绿色产品的基础上增加一款蓝色的呢？"很显然，他忽视了消费者的认知：如果产品不是绿色的，它就不可能是普瑞尔。

糟糕的想法。

百事可乐的营销人员说："为什么我们不顺着新时代推崇纯净的风尚，推出一款透明的百事可乐呢？我们可以称它为水晶百事。"很显然，他忽视了消费者的认知：如果可乐不是棕色的，它就没有了可乐的味道。

糟糕的想法。

麦当劳的营销人员说："为什么我们不借着现在的比萨潮流，在菜单中增加一款'麦氏比萨'呢？"很显然，他忽视了消费者的认知：做汉堡的企业不可能做得好比萨。

糟糕的想法。

安海斯－布希公司的营销人员说："为什么我们不在产品阵容中增加干啤和冰啤呢？"很显然，他忽视了消费者的认知：啤酒应该是湿的，饮用时不该加冰。

糟糕的想法。

定位必须与消费者的认知相符，而非相背。企业内部人员所认为的"改进"，往往会造成消费者认知的混乱。

在定位中，一旦你将一个品牌拔到一定高度，你应谨记让其"稳步向前"。

第 21 章
让合适的人参加会议

THE
NEW
POSITIONING

在美国最大企业之一的某家公司的战略会议上，一位年轻女士向我提出了一个建议，这是我听到的关于定位的最重要建议之一。

在提案结束后，她走过来向我表示祝贺，告诉我战略很精彩。

然而，令我吃惊的是，她说我的定位概念永远无法被她的公司接纳。我询问原因，她的回答简单却精辟："你永远无法让合适的人参加会议。"

她进一步解释道，公司的最高层不会参加此类会议。有威力的定位概念往往与公司里某些人的个人利益冲突，因此，很多想法在企业中被层层上报获得最终审批之前就早早消亡了。

她说得太对了。我的经验确实是，仅靠优秀的想法本身不可能成功。如果没有让合适的人参加会议，提出有效的定位充其量是风险很大的赌注而已。

曾经的"现金牛"

一个新的定位概念经常会遇到的第一类障碍就是企业曾经的"现金牛"[⊖]。新的定位概念往往建立在新的机遇之上，有时势必会挑战老业务。结果是企业不愿意去培育新的定位概念。彼得·德鲁克称之为"在昨日的祭坛扼杀明日的希望"。

在一家大型计算机公司的会议中，我建议他们将其全新的工作

⊖ 指投入小但能产生稳定现金收入和利润的业务。——译者注

站产品线定位为个人主机。这个建议显然让主机业务的主管非常心烦，因为这项老业务仍在产出高利润。另外，个人计算机业务的主管也对这个建议有所抱怨。

只有 CEO 能够做出决定是否采纳一个可能对企业的"现金牛"发动攻击的定位概念。由于他没有参加会议，他也永远没有机会考虑一下这个战略。事实上，考虑到如今业内兴起的台式计算机潮流，这个战略是非常好的。

最成功的企业非常擅长对自己的"现金牛"发起自我攻击，吉列公司就是一个很好的例子。首先，它用非常成功的双刃剃须刀（Trac Ⅱ）"干掉了"单刃不锈钢剃须刀。之后它又用可调节的双刃剃须刀（Atra）进攻双刃剃须刀。随后，它又推出了减震剃须刀（Sensor）。如今，它推出了具备感应保护鳍的超级感应剃须刀（Sensor Excel）。如果它在未来有了更好的概念，它还会继续自我攻击。

以前的错误决策

没有让合适的人参加会议带来的另一个问题是无法摆脱以前的错误决策。

新战略经常与过去的决策产生冲突。在我从事 25 年战略咨询工作以来，从未有人这样对我说："欢迎你的到来。在你到来之前，我们一直都'按兵不动'。"

很显然，他们做了很多事情，但其中不少都没有效果（如果他们发展得很好，就不会请战略顾问了）。

不幸的是，在大型企业中没有人会承认自己做了错误的决策，尤其是重大的错误决策。在难以容忍失败的企业中尤为如此。因此，几乎所有的中层经理天然地难以拥抱新的定位概念，因为这些概念会使他们以前的决策处境尴尬。

在我需要你的时候，你在哪里

我永远无法忘记自己在一家办公用品企业的会议室中的经历。当时，我提出的定位战略本质上对他们即将宣布的销售新一代计算机系统的决策提出了挑战。会议将要结束时，一位非常资深的高管看着我的眼睛问道："两年前在我需要你的时候，你在哪里？"（这个错误的决策在两年前就被递交至董事会初步通过。）

尽管这位高管现在意识到这是一个错误的决策，但他告诉我，他无法承认这个量级的决策失误。从他的角度来说，这是可以理解的，但从公司的角度来说，这是非常悲剧的，尤其是当你想到竞争对手会采用相同的战略并建立起数十亿美元的业务时。

只有 CEO 有能力改变计划，但他并没有参加会议。

我是这里的负责人

另一个你可能会遇到的问题是你的直接上级或广告公司的"自尊心"。他们一般都比较反感外部人员参与他们的工作，他们会想："我是这里的负责人。如果我采纳了别人的想法，我的上司会小瞧我。"

这是个很糟糕的局面。我发现，这类人往往不会立即否决"外部"人员的建议，而总是加入自己的想法，声称这是"做出他们的贡献"。然而，一经修改的战略最后都走形了。这就像是蛋糕的配方被修改了，尽管外观看起来一样，但实际上蛋糕已经变味了（广告公司尤其擅长此类"修改"）。

会议中你提案的对象职位越高，你遇到此类"自尊心"问题的概率就越小。

注意措辞

如果因为某些原因，合适的人不可能参与会议，你必须想方设法让 CEO 参与定位战略的制定过程。如果没有他的参与，你的战略将永远无法被有效实施。因此，有个技巧是用你上司感觉舒服的方式给出提案，这样他们会将报告递交给 CEO。

例如，你可以在提案的一开始加入一块"世界变了"的内容。这会自动传递这样的信息：原先的决策（不论对错）在制定的时候看起来是正确的。

此类措辞的目的是通过掩饰以前的错误来安抚对方的自尊心。此外，"世界变了"的观念也会让你的上司觉得 CEO 也应该了解一下这个决策。

但这些也许并不足够。

巧用类比

你不能在会议桌上直接否定那个糟糕的老决策，而是可以考虑先引用一个其他公司的可类比的案例分析作为铺垫。

你可以这样说："XYZ 公司也做了类似的尝试，但都失败了。"别忘了再加一句："当然，我们也许不会这样。"

相信我，目睹别人的错误后，人们往往变得更加客观。你提案的对象心里会想："就凭我的差运气，坏事会发生的。我最好还是递交给老板看一下。"

循序渐进

最后，实施有难度的定位战略时应注意循序渐进，特别当其属于"重新定位"一类时更是如此。

人们需要时间来适应变化。通过减缓变化的速度，你可以缓解巨大的战略变化所带来的焦虑。

有人曾说过："很多人可以适应老的方式，也有很多人可以适应新的方式。但是新老方式之间的转换让人无法忍受。"

很多年前，艾·里斯与我曾建议汉堡王给麦当劳贴上"儿童乐园"的标签，将自己重新定位为成人与大孩子的餐饮店。这意味着汉堡王要将一部分市场舍弃给麦当劳，更不用说还要将加盟店的秋千设施全部拆除。

这是战略上的一次重大变化，它立刻引起了企业内部的焦虑。

推销这个战略的唯一办法是提出"先测试，然后慢慢推广"。遗憾的是，"焦虑"还是战胜了"循序渐进"，汉堡王最终错失了这个机会。

这些事都指向了一个无法逃避的事实："定位"是一件非常重大的事情，它为企业的战略指明了方向。当企业需要做出重要决策时，最高层的管理人员必须在场。

商战就是发生在潜在顾客心智中的定位概念之战（我的定位与你的定位之间的对垒）。

如果你没有一个简单、差异化的概念来驱动你的企业或品牌，那你最好有更具优势的价格。

定位经典丛书

序号	ISBN	书名	作者	定价
1	978-7-111-57797-3	定位（经典重译版）	（美）艾·里斯、杰克·特劳特	59.00
2	978-7-111-57823-9	商战（经典重译版）	（美）艾·里斯、杰克·特劳特	49.00
3	978-7-111-32672-4	简单的力量	（美）杰克·特劳特、史蒂夫·里夫金	38.00
4	978-7-111-32734-9	什么是战略	（美）杰克·特劳特	38.00
5	978-7-111-57995-3	显而易见（经典重译版）	（美）杰克·特劳特	49.00
6	978-7-111-57825-3	重新定位（经典重译版）	（美）杰克·特劳特、史蒂夫·里夫金	49.00
7	978-7-111-34814-6	与众不同（珍藏版）	（美）杰克·特劳特、史蒂夫·里夫金	42.00
8	978-7-111-57824-6	特劳特营销十要	（美）杰克·特劳特	39.00
9	978-7-111-35368-3	大品牌大问题	（美）杰克·特劳特	42.00
10	978-7-111-35558-8	人生定位	（美）艾·里斯、杰克·特劳特	42.00
11	978-7-111-57822-2	营销革命（经典重译版）	（美）艾·里斯、杰克·特劳特	59.00
12	978-7-111-35676-9	2小时品牌素养（第3版）	邓德隆	40.00
13	978-7-111-40455-2	视觉锤	（美）劳拉·里斯	49.00
14	978-7-111-43424-5	品牌22律	（美）艾·里斯、劳拉·里斯	35.00
15	978-7-111-43434-4	董事会里的战争	（美）艾·里斯、劳拉·里斯	35.00
16	978-7-111-43474-0	22条商规	（美）艾·里斯、杰克·特劳特	35.00
17	978-7-111-44657-6	聚焦	（美）艾·里斯	45.00
18	978-7-111-44364-3	品牌的起源	（美）艾·里斯、劳拉·里斯	40.00
19	978-7-111-44189-2	互联网商规11条	（美）艾·里斯、劳拉·里斯	35.00
20	978-7-111-43706-2	广告的没落 公关的崛起	（美）艾·里斯、劳拉·里斯	35.00
21	978-7-111-56830-8	品类战略（十周年实践版）	张云、王刚	45.00

定位经典丛书（英文版）

书名		作者	ISBN	价格
978-7-111-55420-2	定位(英文版)	[美]艾·里斯、杰克·特劳特		89.00
978-7-111-55412-7	商战（英文版）	[美]艾·里斯、杰克·特劳特		89.00
978-7-111-55413-4	重新定位（英文版）	[美]杰克·特劳特、史蒂夫·里夫金		69.00
978-7-111-55208-6	什么是战略（英文版）	[美]杰克·特劳特		69.00
978-7-111-55707-4	简单的力量（英文版）	[美]杰克·特劳特、史蒂夫·里夫金		69.00
978-7-111-55708-1	营销革命（英文版）	[美]艾·里斯、杰克·特劳特		69.00
978-7-111-55882-8	人生定位（英文版）	[美]艾·里斯、杰克·特劳特		69.00

营销指南

ISBN	书名	定价	作者
978-7-111-57797-3	定位：争夺用户心智的战争（经典重译版）	59.00	（美）艾·里斯 杰克·特劳特
978-7-111-56673-1	感官营销：引爆品牌无限增长的8个关键点	50.00	（美）迈克尔 J. 西尔弗斯坦
978-7-111-55901-0	深度营销：解决方案式销售行动指南	49.00	王鉴
978-7-111-59455-0	营销天才	59.00	（英）彼得·菲斯克
978-7-111-27178-9	细节营销	36.00	（荷兰）柏唯良